科创板
投资实战手册

孙永强 著

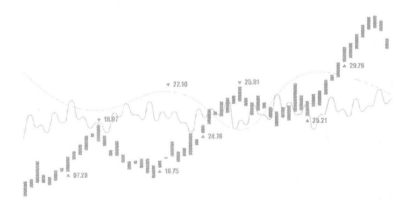

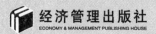
经济管理出版社
ECONOMY & MANAGEMENT PUBLISHING HOUSE

图书在版编目（CIP）数据

科创板投资实战手册/孙永强著. —北京：经济管理出版社，2020. 6
ISBN 978-7-5096-7146-7

Ⅰ. ①科… Ⅱ. ①孙… Ⅲ. ①股票投资—中国—手册 Ⅳ. ①F832.51-62

中国版本图书馆 CIP 数据核字（2020）第 093481 号

组稿编辑：勇　生
责任编辑：王　聪
责任印制：任爱清
责任校对：王淑卿

出版发行：经济管理出版社
　　　　　（北京市海淀区北蜂窝 8 号中雅大厦 A 座 11 层　100038）
网　　址：www. E-mp. com. cn
电　　话：(010) 51915602
印　　刷：三河市延风印装有限公司
经　　销：新华书店
开　　本：720mm×1000mm/16
印　　张：12.75
字　　数：178 千字
版　　次：2020 年 9 月第 1 版　2020 年 9 月第 1 次印刷
书　　号：ISBN 978-7-5096-7146-7
定　　价：48.00 元

前言　科创板来了，你准备好了吗

雷军曾经说过一句经典的话：站在风口上，猪都会飞起来。

这句话原本是雷军用来形容小米诞生在 2010 年互联网崛起时的情形，如今用它来形容科创板的诞生，同样十分贴切。因为科创板的推出，正是在国际经济形势并不乐观、股市处于低迷的 2019 年推出的。

为什么说科创板是站在了风口上呢？

原因很简单，在 2019 年，华为遭遇了美国的禁止令，引发了国人更为高亢的科技爱国情怀。面对国家的不断强大，国家经济发展中科技水平的重要性越来越明显地凸显了出来。这也就意味着，国家要保持持续强大，不容忽视的一个问题就是国家的科技力量。

在这样一个前提下，科创板携着高科技因素扑面而来。这从科创板企业上市审核时的规定即可得知："发行人申请首次公开发行股票并在科创板上市，应当符合科创板定位，面向世界科技前沿、面向经济主战场、面向国家重大需求，符合国家战略，拥有关键核心技术，科技创新能力突出，主要依靠核心技术开展生产经营，具有稳定的商业模式，市场认可度高，社会形象良好，具有较强成长性。"（《科创板首次公开发行股票注册管理办法（试行)》）

可以这样说，科创板的推出，既是站在了中国改革开放不断深入背景下科技兴国的时代风口，同时又是站在了我国资本市场不断完善机制的重大需求风口，因为科创板的推出，是注册制全面推行前的试点和开始。所有这些因素，导致了国家政策上的大力支持以及各地方政府相继对科创板上市企业的扶植和奖励，让科创板进入我国的资本市场后，一直成为了 A 股市场持续不断的一个热点板块。

无论是从全球经济发展的角度看，还是站在经济"晴雨表"的股市来看，科创板都已经站在了时代的风口上。作为投资者来说，只有快速抢占时代所赋予我们的先机，才能让自己也变为一头站在股市风口的"猪"，实现投资生涯的飞跃。

然而，即使你第一时间站在股市的风口上了，也要深刻了解这个时代傲立于股市的科创板，例如上市五个交易日不设涨跌幅的规定，正常交易日内涨跌幅 20% 的极限等，以及科创板股票与市场其他板块的不同之处和科创板股票在市场上表现出来的特色……所有这些内容，都是投资科创板股票前必须了解的基础。

因为只有你明白了这些内容，才能够顺应科创板股票的到来，进而采取更为适应科创板的投资方式，从而派生出相应的投资攻略、买卖形态和操盘技巧，做到在对的时间，做正确的操作。

这样，你才能和科创板一起，站在股市的风口上，紧跟科创板上涨的步伐，实现最终的投资获利，从而坐上时代和政策的"顺风车"。

然而，风口上总是风起云涌，这就需要我们学会如何高效地学习和掌握当前科创板股票操作的知识和技术。只有做好了这些，你才不至于被时代的风吹落山顶，才能做到紧跟科创板股票的节奏，一起在股市的天空翱翔。

2019 年 7 月 22 日，科创板来了，面对风起云涌的股市，你准备好了吗？

目　录

第1章 科创板块：抢股市风口，占盈利先机

A 股市场自成立以来，两市中的所有板块，如沪深主板市场、深市中小板、创业板等板块，还从来没有像科创板上市前后一样，出现如此的社会高度关注，这也注定了科创上市后必然成为股市热点的结局。造成这种情况是有原因的，因为与主板、深市中小板、创业板相比，科创板本身就具有不同的交易制度和参与资格明显的风格特点。了解这些，才能真正让你抢占科创板推出的这一盈利先机。

1.1 主板：水深池子大，涨幅不明显

1.1.1 流通盘大，涨跌不明显

流通盘是指一家上市公司发行的股票中可以在二级市场上自由流通的股票，也就是投资者可以自由在市场上进行交易的股票。

主板市场股票流通盘大的原因：

主板即主板市场，也叫一板市场，是一个国家或地区证券发行、公司上市和股票交易的主要场所。由于主板市场对上市企业发行人的营业期限、股本大小、盈利水平、最低市值等方面的要求标准相对比较高，

大多数上市企业均为一些大型的成熟企业，具有较大的资本规模和稳定的盈利能力。这样的公司申请上市时，公开发行的股票数量相对较多，市场可流通的股票数量自然就多，流通盘数量大。

流通盘大的股票在市场的涨跌表现：

在我国，由于有上海证券交易所和深圳证券交易所两个市场，所以主板市场在这两个市场中均存在：沪市主板市场是指股票代码以 600 或 601 开头的股票，深市主板市场是指股票代码以 000 开头的股票。如图 1-1 所示华能水电（600025）即为沪市主板的股票，其 A 区域的流通股票数量在 2019 年 6 月 30 日共有 89.28 亿股，整个发行的 A 股总股本数量高达 180 亿股，流通盘较大。

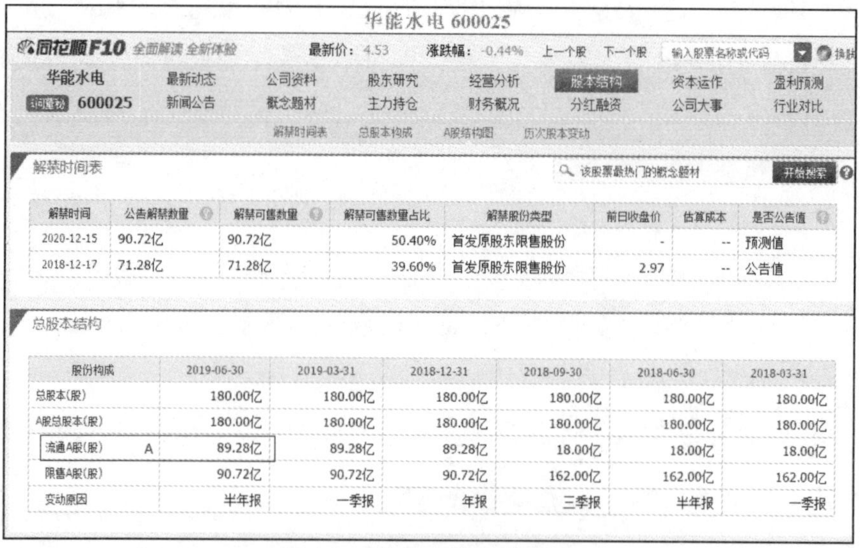

解禁时间	公告解禁数量	解禁可售数量	解禁可售数量占比	解禁股份类型	前日收盘价	估算成本	是否公告值
2020-12-15	90.72亿	90.72亿	50.40%	首发原股东限售股份	-	--	预测值
2018-12-17	71.28亿	71.28亿	39.60%	首发原股东限售股份	2.97	--	公告值

股份构成	2019-06-30	2019-03-31	2018-12-31	2018-09-30	2018-06-30	2018-03-31
总股本(股)	180.00亿	180.00亿	180.00亿	180.00亿	180.00亿	180.00亿
A股总股本(股)	180.00亿	180.00亿	180.00亿	180.00亿	180.00亿	180.00亿
流通A股(股) A	89.28亿	89.28亿	89.28亿	18.00亿	18.00亿	18.00亿
限售A股(股)	90.72亿	90.72亿	90.72亿	162.00亿	162.00亿	162.00亿
变动原因	半年报	一季报	年报	三季报	半年报	一季报

图 1-1　华能水电个股资料

由于市场上的股票上涨都是需要资金推动的，也就是只有买入多时，股价才会上涨；卖出多时股价才会下跌。这是股票市场的主要特点。而盘子大的主板市场股票，因为流通的股票数量大，股价无论涨跌，都需要很大资金的买入或卖出，其涨跌是不容易实现的。即使出现了明显的涨跌，往往涨跌的幅度也不是特别明显，所以不利于普通的中小投资者投资，因为买入后难以实现获利，即使获利也是极小的。如图1-1所示的华能水电（600025）流通盘大，在图1-2中的2019年5月初至8月底的三个多月时间内，即从A区域的最低价3.7元和最高价的4.96元计算，中间的价差也只有每股1.26元，况且在投资时是很难买在最低点卖在最高点的，其中的获利程度可想而知。

图1-2 华能水电日线图

主板市场对股市的影响：

（1）即使是资金体量大的投资者，在投资主板市场的股票时，也一定要避开一些超级大盘股，如"两桶油"中的中国石油和中国石化，以及国有四大行中的中国银行、中国工商银行、中国建设银行、中国农业银行等。

（2）虽然主板市场有盘子大不利于涨跌和涨跌幅度不大的明显特点，但主板市场的股票也正是因为盘子大，所以在整个市场上所占的比重也高，其涨跌往往会对整个市场起到较大的影响。因此，即使是不投资主板市场的中小投资者，也应在操盘过程中时刻留意主板大盘股的动向，尤其是那些超级大盘股。

1.1.2 市值比重高，大盘约束强

主板市场上的股票还有一个更明显的特点，就是市值比重高。因为市值高，所以在整个大盘中所占据的比重就会大，其涨跌往往受大盘的影响较大，是不利于涨跌的。

主板股票受大盘约束的原因：

（1）指数统计影响。由于主板市场的股票市值高，多数还被列入了计算指数的股票，也就是深市大盘或沪市大盘在计算指数时，好多都是以一些主板上的股票统计，也就是说，主板市场的股票好多都是成份股，所以大盘指数的涨跌，这些大盘成份股就会受到影响。一旦大盘涨或跌时，这些成份股必然会顺应大盘的趋势，出现明显的上涨或下跌。

（2）政策影响。我国的 A 股市场为政策市，因为股市是经济的"晴雨表"，国家会出于稳定市场的目的，实施一些政策或经济手段，造成对股市的直接或间接影响，例如加息降息等，甚至是为了稳定市场，国家还会运用资金力量来扭转股市的短期运行，这就造成了大盘指数的身不由己，必须会令主板市场的某些大盘股出现某种护盘行为，改变原有的下跌。如果是上涨过高时，国家为了给股市降低，一来可以通过降息等货币收紧政策来降温；二来可以通过国有资金的大幅减持行为，造成大盘股由涨转跌。

因此，由于主板市场上的大盘股，存在市值比重高、受大盘约束强的明显特点，也是不利于中小投资者投资的。例如，图 1-3 中的中国石化（600028），在 2019 年 9 月 11 日，C 区域显示这只股票的流通市值达到了 5007 亿元，图左下角处的 A 区域显示上证指数下跌了 6.99 个点，可是 B 区域的这只股票却出现了明显的红盘上涨，这种大盘股与指数相反的走势，事实上就是一种大盘股维持市场稳定的行为，因为当前市场为弱势，大盘股自然担当起了维持股市稳定的责任。而即使是 B 区域之前已经出现了七连阳，股价也仅仅是上涨了 0.2 元左右，所以是不利于投

资获利的。

图1-3　中国石化日线图

主板市场股票对投资的影响：

（1）因为主板市场的股票市值比重高，所以即使投资者不选择投资这类大盘股，也要时刻关注其走向，因为这些大盘股对股市的影响很大，尤其是沪市的"两桶油"——中国石化和中国石油，被称为股市的两根定海神针，其涨跌的表现，往往意味着大盘运行的方向。

（2）当然，由于我国的证券市场成立较晚，最初在板块设定上细分不够明显，所以即使是主板市场中也存在着一些盘子小的股票，所以对于主板市场中那些盘子小的股票，应理性对待，这里所讲的主板是指绝大多数的主板股票，尤其是那些流通市值在千亿元水平的超级大盘，甚至是如贵州茅台一样过万亿元市值的大盘股。

1.2　深市中小板：水浅池子深

1.2.1　盘小易炒作，资金多干扰

深市中小板，顾名思义，这一板块是由深圳证券交易所推出的一个专门针对中小企业的市场板块。由于中小企业规模相对小，所以发行的股票数量相对少，盘子自然小，尤其是在创业板推出前的多年间，一直成为市场热钱较为集中的一个板块。

盘子小容易被市场热炒的原因：

盘子小就意味着这只股票的发行股本数量不多，尤其是在尚未实现全流通的时候，流通 A 股的数量就更少，如此一来，只要拥有了一定的资金量，股价就很容易受到资金的干扰，出现快速上涨，一旦资金离开又会出现快速下跌。

随着市场热钱越来越多，如煤老板集中退出煤市转战股市，对深市中小板的影响较大。我国股票市场虽然在不断扩容，但相对来说，股票数量依然较少，这就使很多资金纷纷涌入了中小板，良莠不齐的资金主力纷纷介入，造成了中小板经常出现妖股。主力资金的你来我往中，使中小板股票的涨跌也经常出现反复，形成了明显的"水浅池子深"的特点，不利于中小投资者稳定投资。例如，图 1-4 东信和平（002017）在 E 区域，明显显示为当前的流通市值只有 80 亿元左右的样子，盘子相对较小，可在 B 区域与 C 区域却出现了短线的快速上涨后又快速转跌的行为，且在 A 区域不到一个月的时间内，股价即出现了翻倍的走势，股价极为不稳定，投资时是极难把握其趋势变化的。

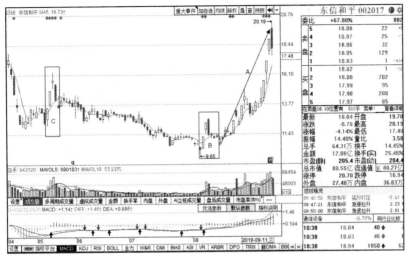

图1-4 东信和平日线图

中小板在整个市场中的影响：

（1）综观当前的中小板市场，由于很多股票都是深圳证券交易所成立之初上市的，这些股票经过多年的高送转或增发等分红配送，许多市值规模都变得很大，形成了中盘股，在深圳市场中占据着重要的地位，但上市不长的中小板股票依然很多，所以表现出良莠不齐的现状，这给一些主力造成了迷惑投资者的机会，入市不深的投资者，很容易落入主力设置的多头陷阱中。

（2）由于作为股市中坚力量的深市中小板，包括那些沪市主板在内的某些市值规模中等的股票，虽然数量很多，对股市有一定影响，但良莠不齐的现状，造成了看似水浅却池子很深的现状，尤其是价值投资者，很难在投资中小板中获得收益。

（3）国家经过多年的整顿，虽然中小板的炒作妖风已不多，但市场毕竟是资金推动为主的市场，这是股市的一大特色。所以在深市中小板中，依然存在着很多主力过多干扰的情况，对其他板块的影响也较大。

1.2.2 盘小根不稳，涨跌难把握

深市中小板股票，由于上市公司的规模并不大，但又已经形成了小型的规模，可是在世界经济一体化的今天，中小企业仍然面临着资金缺口过大、技术力量不够雄厚的特点，这使许多中小企业往往由于盘子过小，很容易被主力资金所左右，进而难以把握其涨跌的情况。

中小板股票涨跌难以把握的根本原因：

（1）处于扩张时期的中小板企业，在发展之路上，经常会出现兼并或重组，如果对所收购或兼并企业了解不足，就会让原本收购是为了应对市场风险或扩张企业的目的，结果就会让被收购企业拖累企业原本的业绩，造成企业基本面的变坏。

（2）中小企业由于规模相对小，所以应对市场的能力也相对弱，一旦市场不好时，就会受到行业的影响，不仅难以再持续发展，还有可能大大削弱其生产经营能力。

（3）主力资金的过多干扰。既然企业选择了上市，就要受到市场资金的影响，尤其是盘子小的中小企业，更容易被资金干扰，而主力资金在操作一只股票时，常常反向利用消息，即利空出尽时大举低位建仓，利好一出反而大举减仓，造成了中小板股票经常出现涨跌的快速反转，让许多人分不清消息究竟是利空还是利好。例如，图 1-5 中的京新药业（002020），H 区域显示流通市值并不大，只有 80 多亿元。在 A 区域的上涨走势中公司发布了 2018 年年度权益分派实施方案，本来是利好，结果股价随后就出现了 B 段走势的持续下跌。在 C 区域的上涨中，公司又公布了 2019 年半年度业绩快报的利好，结果股价在一根长阳上涨后迅速转为 D 段走势的持续下跌。这种涨跌的快速转换和利好后跌利空后涨的表现，让人摸不着头脑，难以进行投资。

鉴于以上三种原因，造成了中小板企业受消息面的影响较大，形成了中小板股票价格不稳定，投资者难以把握的局面。

图1-5 京新药业日线图

中小板股票投资策略：

（1）深市中小板股票，就是那些股票代码以002开头的股票，区分上很好辨识，但分辨一只中小板股票的好坏时，应多从公司的基本面进行分析，同时结合市场表现来确定是否值得投资。

（2）深市中小板中的股票，因上市公司的规模大小不统一，所以如果以价值投资为主时，应选择那些市值规模在百亿元水平的中等盘的股票，并且公司质地优良的股票来进行长期投资，这里包括主板市场上那些条件相同的股票。

（3）对于盘子小的中小板股票，除非自身具有较强的短线操盘能力时方可投资，技术掌握和基本面分析不强的投资者，应谨慎参与投资。

1.3 深市创业板：盘子小风险大

1.3.1 盘小无根，涨跌无常

"盘小无根，涨跌无常"是深市创业板推出后最大的一个特点。投资创业板时应谨慎，因创业板股票盘子太小，风险太大。

创业板股票风险大的原因：

（1）市场推出时间过短，私募色彩浓重。虽然创业板很早就在酝酿，但最终是在 2009 年 10 月 30 日才正式上市，至今仅仅才过去了十年，而创业板推出前，中小板作为创业板的试验板块，已经从规模上挤占了不少创业板股票的空间，这使创业板的推出完全是在效仿西方市场的前提下，为完善市场而出现的。虽然看似准备时间长，但事实上却并不充分，在创业板推出的两年间，在创业板股票中，竟然有 292 家上市公司是在具有私募背景下上市的。由于我国股市成立时间短，各种制度尚不完善，私募过多，造成了创业板上市公司中"包装"色彩比较浓。因为创业板主要是针对规模小的高科技企业，所以不少公司为了达到上市的目的，几乎都披上了高科技的外衣。私募色彩的浓重，使创业板股票妖风很大。

（2）私募主导，游资打酱油。由于私募在创定板推出后，一直在其中扮演着重要的角色，加上风投机构偏爱于科技股的癖好，且创业板上市公司又多为创业型企业、中小企业和高科技产业企业，有轻资产、盘子小的特征，所以很容易成为市场众多资金主力关注的对象。众多资金主力的你来我往，造成了创业板股票中经常出现很多妖股，无形中加大了创业板投资的风险。这一点，我们只要随便打开一只创业板股票，从中即可见到私募和投资公司的影子。如图 1-6 所示莱美药业（300006）个股资料中的十大流通股东中，A 区域与 B 区域的两家公司就是一家有限合伙的投资公司和一家风险投资公司，这还不算那些市场的游资小主力，更是来来往往有很多。从图 1-7 中 C 区域可发现，这只股票的流通市值才 30 多个亿，所以造成了其股价在不足一个月的 A 段走势中，股价快速出现了翻倍上涨，但紧随其后的 B 段走势，又被快速打回了原形，风险

莱美药业 300006

同花顺F10 全面解读 全新体验　最新价：4.92　涨跌幅：-2.19%　上一个股　下一个股

莱美药业 300006　最新动态　公司资料　股东研究　经营分析　股本结构　资本运作　盈利预测　新闻公告　概念题材　主力持仓　财务概况　分红融资　公司大事　行业对比

股东人数　十大流通股东　十大股东　控股层级关系

机构或基金名称	持有数量(股)	持股变化(股)	占流通股比例	质押占其直接持股比	机构成本估算(元)[反馈]	实际增减持	股份类型	持股详情
邱炜	5297.00万	不变	7.89%	100.00%	个人	不变	流通A股	点击查看
西藏莱美医药投资有限公司	4830.54万	不变	7.20%	100.00%	其他	不变	流通A股	点击查看
邱宇	4612.43万	不变	6.87%	99.91%	个人	不变	流通A股	点击查看
镇江润丰投资中心(有限合伙) A	3912.81万	不变	5.83%	无质押	其他	不变	流通A股	点击查看
郑伟光	2082.13万	不变	3.10%	无质押	个人	不变	流通A股	点击查看
张剑华	832.85万	不变	1.24%	无质押	个人	不变	流通A股	点击查看
重庆科技风险投资有限公司 B	735.00万	不变	1.09%	无质押	其他	不变	流通A股	点击查看
中国工商银行股份有限公司-博时汇智回报灵活配置混合型证券投资基金	643.78万	新进	0.96%	无质押	其它	新进	流通A股	点击查看
中国建设银行-华富竞争力优选混合型证券投资基	309.01万	新进	0.46%	无质押	7.26	新进	流通A股	点击查看

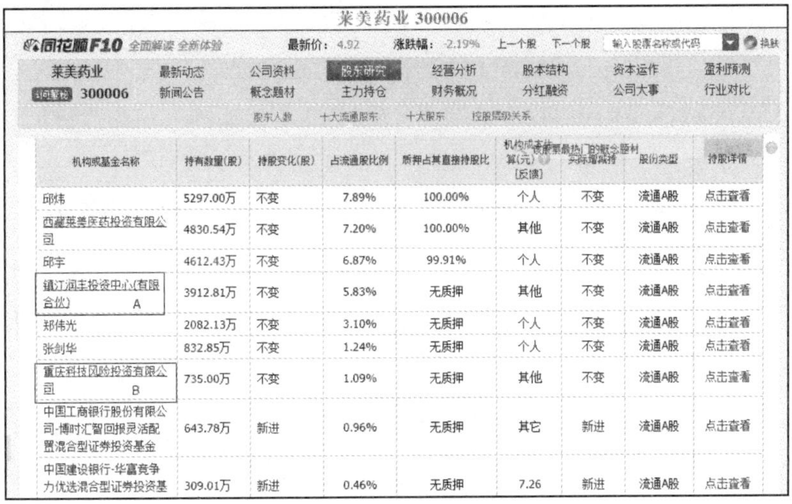

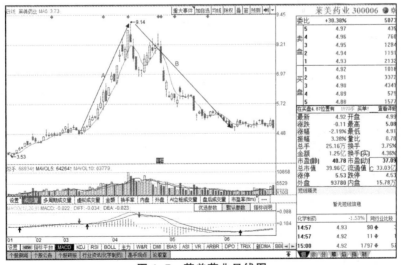

图 1-6　莱美药业个股资料

图 1-7　莱美药业日线图

极高。

（3）创业板本身的性质，决定了其高风险。由于创业板中的上市公司多为创业型企业高科技产业，多属于中小企业，规模小，科技含量相对高，所以流通盘均不大，其自身抵抗风险的能力就小。加上科技股或创业型企业本身就极具高风险的特征，在企业上市造就众多百万元、千万元、亿万元富翁的造富神话影响下，完全无法排除某些公司是为了上市圈钱上市创业板的，这也是造成创业板高风险的原因之一。

创业板对市场的影响：

（1）从整个股票市场的角度来看，以300开头的创业板已然成为深圳市场一个重要的板块，众多公司的先后上市创业板，股市得以扩容，为投资者提供了更多可投资的标的，丰富和完善市场，同时也不同程度地解决了一些创业型企业和高科技企业融资难的问题，所以创业板对市场有着积极的一面。

（2）私募及风投公司的云集，让创业板披上了更多风险的外衣，股价短期经常出现大起大落式的涨跌，虽然投资风险在加大，但同时也给股市增添了许多亮色，尤其是市场低迷状态时，不同程度地活跃了市场。

（3）大批无法在主板上市的企业，前几年大批借壳上市的出现，无形中也让创业板的众多小型企业，成为被市场热炒的对象，并多少改变了一些创业板高科技企业洼地的形象。因此，创业板股票虽然有着盘子小、涨跌压力小的特征，但涨跌的无常和大幅的涨跌，不适合风险承受能力低以价值投资为主的中小投资者。

1.3.2　盘小易主快，庄家来无踪

由于创业板股票都是规模小的企业，所以发行的股票数量自然也极少，这就使很多以短线为主的主力资金经常光顾创业板的股票，使创业板股票经常出现快速上涨和快速下跌，无形中更是增加了中小投资者的短线投资风险。

游资喜欢创业板股票的原因：

很多游资喜欢创业板股票，就是看中了创业板股票的流通盘小、易于拉升的特点，国内许多以短线著称的涨停敢死队经常光顾创业板股票，利用手中的资金干扰股价的正常运行。例如，图 1-8 中 2019 年 6 月 18 日上市的卓胜微（300782）这只股票，上市时仅仅公开发行了 2500 万股的可流通股票，以开盘价 42.35 元计算，也不过有 2500 × 42.35 = 1.058（亿元），如此小的流通市值，让很多主力资金都会忍不住蠢蠢欲动，造成了股票刚刚在上市一字涨停板上涨期间，即在图 1-9 中的 A 区域被资金快速打开涨停板快速介入后，又出现了两个涨停后开始震荡，其后 B 区域的一字板再次被打开，也是游资快速介入的征兆，再其后的 C 区域股价的持续走强，同样是资金相对较大的主力发动的继续上涨。其大幅上涨的最大根源就是盘子过小，主力无须太多资金即可影响股价的正常走势，造成了股价的快速上涨。

图 1-8　卓胜微个股资料

图 1-9   卓胜微日线图

创业板投资策略：

（1）投资者投资创业股时，因创业板盘子小，所以不适合中长线投资，只有根据趋势变化的规律短线操作，做到快进快出，以免高位被套。

（2）投资创业板之前，投资者一定要掌握短线投资的技术，并掌握熟练后再进行投资，否则极容易短线被套，若是趋势转跌后稍一迟疑，则有可能造成长线被深套。

（3）投资创业板时，最好选择那些业绩相对稳定、盘子经过多次送转变大的股票进行投资，因为这类股票往往走势更为稳定。

1.3.3   盘小能力弱，退市风险高

创业板股票有着盘子小的特征，也就是说，创业板上市公司的规模较小，经营不够稳定，所以未来既存在着较大的成长潜力，但同时也蕴含着极大的风险。这种风险，随着证券市场策略的不断完善，很容易出现上市公司退市的情况，因此，投资者投资创业板时的风险也是极高的。

创业板退市的法律规定：

早在创业板上市时，深圳证券交易所就在发布的《创业板股票上市规则》中"第十三章　暂停、恢复、终止上市""第四小节　强制终止上市"中明确规定了上市公司被强制终止上市的规定。其后的 2018 年 1 月 16 日，深圳证券交易所又专门发布了《上市公司重大违法强制退市实施办法》，详细规定了多种强制退市的情况。

《创业板股票上市规则》和《上市公司重大违法强制退市实施办法》为创业板上市公司的退市提供了宝贵的法律依据。

投资者漠视上市公司退市的原因：

很多投资者在股票投资中，一直对上市公司的退市问题普遍存在一种不重视的态度，公司上市本就严格，公司一旦上市，就认为是有了一个安全保障，在 A 股市场上，本来股票数量就不多，壳资源很珍贵，不少企业以往均出现卖壳的行为，而借壳上市也一度在数年间成为被市场炒作的对象。总认为上市公司是不会退市的，大不了卖出去壳。但是，这种情况在 2017 年 8 月 25 日被彻底打破了。欣泰退（300372）在这一天被强行退出了创业板市场。这只曾经在图 1-10 中上市不久即上演了 A 段

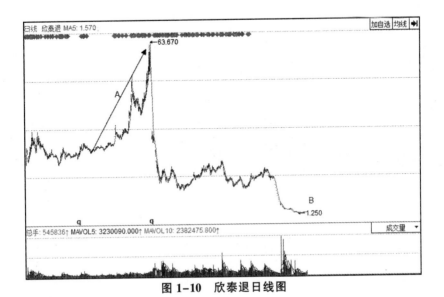

图 1-10　欣泰退日线图

走势辉煌的股票,曾经创下了63.67元的历史新高,但如今却永远停留在了B区域的1.250元,成为创业板,甚至两市首家被强制退市的上市公司。原因是在2017年7月2日复牌时,深交所即发布公告,称欣泰因欺诈发行要被永久退市,且在当日午间又称,欣泰因欺诈发行暂停上市后不能恢复上市,且创业板没有重新上市的制度安排。然而市场上的中小投资者依然在买买买,当日最终成交了4008万元。

创业板最容易吸引投资者的原因:

(1)流通盘小,流通市值低。股票要上涨,必须靠资金买入,而创业板的盘小特征决定了其上涨时,是根本不用太多资金即会实现快速上涨的。这也就是吸引众多投资者云集创业板的最根本原因。

(2)高科技外衣。很多投资者都明白科技决定生产力的道理,所以均迷信创业板上市公司身上那层科技外衣,但在私募和投资机构的包装以及企业上市的迫切心情下,导致创业板上市公司这层华丽的外衣很值得推敲。这一点,也是造成许多股民盲目迷恋创业板的原因之一。

(3)高科技、高成长。创业板本身的高科技基因,是诱发众多股民盲目追逐创业板股票的重要原因之一。高科技就意味着高成长,在股市中,一旦出现业绩的大幅提升,很容易出现股价爆炸式的上涨。却往往因此疏忽了对创业板企业这种高科技的确认,但有时即使确认了,也会被某不良分析师解读为尖端技术,本就处于弱势群体的散户很容易落入彀中。

1.4 科创板:短期优势明显

1.4.1 政策:全新板块,政策扶植大

科创板的推出,本身就是政策导向下的快速开板,因为最早提出时

是在 2018 年底，而市场推出科创板是在 2019 年 7 月 22 日，短短半年多的时间，如果政策不扶植，是很难如此快速面市的。

科创板问世期间的政策扶植：

科创板从 2018 底的创立意向，到 2019 年 1 月 30 日，中国证监会发布了《关于在上海证券交易所设立科创板并试点注册制的实施意见》《科创板首次公开发行股票注册管理办法（试行）》。上海证券交易所在 2019 年 3 月 1 日发布了《上海证券交易所科创板股票发行与承销实施办法》，次日又发布了《上海证券交易所科创板股票发行上市审核规则》《科创板首次公开发行股票注册管理办法（试行）》，在 3 月 4 日，上海证券交易所还进行了《上海证券交易所科创板股票发行上市审核 16 个问答》。随后，上海证券交易所又陆续发布了上市类、发行上市审核类、发行承销类、交易类等多类多项配套规则和指引、通知。这些规则、通知或指引的密集发布，可见政策上对科创板的推出是极为支持的。

同时，在国家政策的扶植下，浙江、成都、杭州等地方政府也纷纷发布了一些对科创板申请企业的上市奖励和优惠政策。如图 1-11 所示人民网转载的《成都日报》首发的《成都率先出台科创板上市扶持政策》，就是地方政府的奖励扶植政策。

投资政策扶植下的科创板股票的原因：

（1）只要是国家政策和地方政府大力扶植的上市企业，都属于一种对上市公司的利好，有助于短期内对股价的上涨，形成一种助涨作用，短线参与，收益相对大。

（2）政策扶植下的股市新板块，很容易成为市场上的关注对象，从而形成持续时间较长的热点，被市场资金高度关注，股价表现会强于其他板块中的股票，这类市场焦点板块中的热门股，更容易被市场热炒。

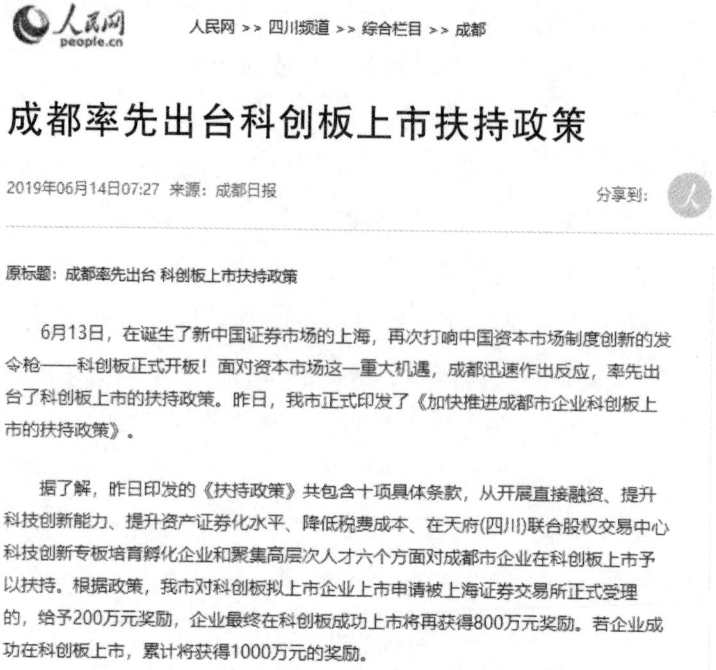

成都率先出台科创板上市扶持政策

2019年06月14日07:27 来源：成都日报
分享到：

原标题：成都率先出台 科创板上市扶持政策

　　6月13日，在诞生了新中国证券市场的上海，再次打响中国资本市场制度创新的发令枪——科创板正式开板！面对资本市场这一重大机遇，成都迅速作出反应，率先出台了科创板上市的扶持政策。昨日，我市正式印发了《加快推进成都市企业科创板上市的扶持政策》。

　　据了解，昨日印发的《扶持政策》共包含十项具体条款，从开展直接融资、提升科技创新能力、提升资产证券化水平、降低税费成本、在天府(四川)联合股权交易中心科技创新专板培育孵化企业和聚集高层次人才六个方面对成都市企业在科创板上市予以扶持。根据政策，我市对科创板拟上市企业上市申请被上海证券交易所正式受理的，给予200万元奖励，企业最终在科创板成功上市将再获得800万元奖励。若企业成功在科创板上市，累计将获得1000万元的奖励。

图 1-11　人民网—四川频道

1.4.2　科技：技术含量高，企业发展有前景

　　投资者之所以要选择科创板股票投资，就是因为这一板块中的上市公司均是定位在了高科技企业，同时在企业提出上市申请时，审核又极为关注企业的科技自主能力、产品依赖程度以及科技技术的投入能力，一旦企业能够通过上市申请，则证明这家科创板上市公司是市场上具有较强的利用自身技术展开生产经营和技术优势，而上市后可获得融资的机会，为企业未来的扩张发展起到积极作用，上市后短期优势极为明显，未来前景可期，股价会保持一定的优势。

　　科创板企业的科技基因定位：

　　在《上海证券交易所科创板股票发行上市审核规则》第三条中明确规定："发行人申请股票首次发行上市，应当符合科创板定位，面向世界科技前沿，面向经济主战场，面向国家重大需求。优先支持符合国家战略，

拥有关键核心技术，科技创新能力突出，主要依靠核心技术开展生产经营，具有稳定的商业模式，市场认可度高，社会形象良好，具有较强成长性的企业。"

这样一来，就将科创板上市企业的定位圈定在了上市前的审核阶段，企业必须是"面向世界科技前沿，面向经济主战场，面向国家重大需求"，意味着企业的科技基因必须具有世界水平的符合国家重大需求的因素，以确保其科技水平的领先地位和市场需求。例如，图1-12中澜起科技（688008）这家科创板企业，为半导体及元件行业中三级行业分类的"集成电路"，也就是芯片生产与销售。因为美国对华为公司的事件，导致芯片在我国的需求量很大，所以公司的生产和经营属于面对国家重大需求，且图1-12中显示，公司的每股收益在整个三级行业分类中位于第8位，可见公司掌握的芯片技术是处于领先地位的，这些都从正面或侧面见证了公司的高科技水平。

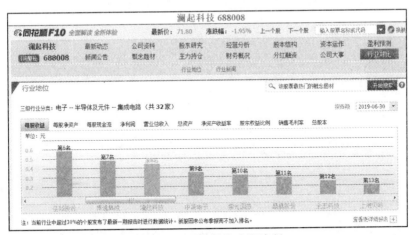

图1-12 澜起科技个股资料

投资高科技基因科创板股票时的注意事项：

（1）虽然科创板上市公司在审核时有着严格的对公司高科技技术的确认，但并不是所有的科创板上市企业都具有领先的技术，如国家支持收益慢的环保企业，投资科创板时，不要认为只要是科创板股票，上市公司就一定具有领先的科技技术，同样需要进行区分。

（2）科创板上市公司的高科技基因，往往也与企业所从事的行业有着很大关系，有些短期盈利良好的企业，虽然当前掌握了较高水平的核心技术，但由于其技术壁垒不高，所以很容易被其他企业突破。同时，企业所拥有的科技技术如果风险较高时，也是应需慎重对待的。

1.4.3　门槛：投资门槛高，市场参与少

这里讲的"门槛"，是指股民投资科创板企业时的门槛，就像我们参与创业板时一样，个人投资科创板股票时，也是需求申请的，只有申请开通科创板后，方可进行投资。投资科创板时，由于门槛高，造成了参与投资的股民数量就相对少了。从这个角度上讲，科创板投资由于许多投资者因门槛高而被拒之门外，使这一板块就会相对理智，更有利于稳定投资，同时申购新股时的申购自然成功率也就高了。

投资科创板的具体门槛：

根据《关于科创板投资者教育与适当性管理相关事项的通知》规定："申请权限开通前 20 个交易日证券账户及资金账户内的资产日均不低于人民币 50 万元（不包括该投资者通过融资融券融入的资金和证券）；参与证券交易 24 个月以上。"这就是说，投资者在开通科创板投资时，必须满足以下两个条件：

（1）申请开通科创板投资时，证券账户注册不低于 24 个月，就是投资者必须有最低 2 年的股票投资经验。

（2）申请开通科创板投资时，证券账户在持续 20 个交易日内，日资产不得低于 50 万元。

如果投资者想要开通科创板时，只需要如图 1-13 所示一样，打开炒股软件后，点击委托下单页面，然后登录后，即可根据 APP 上相关页面提交申请。

图 1-13　同花顺委托下单

科创板新股申购时的要求：

《上海证券交易所科创板股票发行与承销实施办法》第十四条规定："根据投资者持有的市值确定其网上可申购额度，符合科创板投资者适当性条件且持有市值达到 10000 元以上的投资者方可参与网上申购。每 5000 元市值可申购一个申购单位，不足 5000 元的部分不计入申购额度。"只要投资者申请开通了科创板，那么就可以在有新股上市前，按照以上要求选择申购。

开通科创板时的注意事项：

（1）投资者在申请开通科创板时，必须自身的条件达到"开户最低两年、账户内在 20 个交易日内至少日资产不低于 50 万元"的两个要求后方可申请，否则是无法申请开通的。

（2）申请开通科创板时，除了登录自己平时交易的证券账户，在相关页面进行申请外，还可以通过电话咨询自己开户时的券商，根据券商的要求到营业部去申请。

（3）关于申请开通科创板时的 20 个交易日内的日资产不低于 50 万元

人民币的要求，一定要正确理解和认识，其中不包括投资者融资融券所获得的资产或证券数值。

1.4.4　前景：市场热度高，短期收益大

科创板是在 2019 年 7 月 22 日上市的，上市时间短，其未来走势充满了许多不确定，并且根据《关于在上海证券交易所设立科创板并试点注册制的实施意见》在"二、设立上交所科创板"中的规定："（四）制定更具包容性的科创板上市条件。更加注重企业科技创新能力，允许符合科创板定位、尚未盈利或存在累计未弥补亏损的企业在科创板上市。综合考虑预计市值、收入、净利润、研发投入、现金流等因素，设置多元包容的上市条件。具体由上交所制定并公布。"由此得知，亏损企业或是持续亏损的企业同样可以申请上市，虽然当前，在首批获准上市的 25 家科创板上市公司中，尚无一家亏损企业，但在后续中，持续亏损甚至尚未盈利的企业是会出现在科创板上市企业行列的。这也就给投资者事先敲响了警钟，投资科创板股票时，最好以短线参与为主。

短线参与科创板的原因：

（1）在科创板推出的前后，一直热度极高。这一点，只要是关注股市的朋友都会发现，在科创板推出前后，无论是电视新闻还是网上，关于科创板的信息可以说是铺天盖地，众多的申请企业几乎一夜之间成为投资界关注的焦点。科创板股票上市后的热度极高，这有利于整个科创板股票上市后成为市场热点。科创板上市后股价的走势，也是社会所关注的。科创板上市后，必然会在一定时间内成为市场关注的焦点、热点，成为股市热点的股票或板块都会短期形成快速上涨，初期参与科创板的投资者，在科创板推出初期，应以短线参与为主。

（2）科创板不仅是一个全新的市场，科创板股票目前均为次新股，而市场上历年来对新股、次新股都会短期炒作。当前参与科创板股票时，应以短期投资为主。

（3）从科创板股票上市后的表现看，由于上市后的五个交易日内不设涨跌幅限制，使上市后不会出现次新股的一字涨停板，多数出现了前五个交易日后的回落企稳形态，是短线介入的良机。其后的正常交易日内，涨跌幅最高为 20%，使科创板股票当日的涨跌幅加大，利润空间较大，即使买入次新股后盘中 T+0，也同样可以实现获利丰厚。如图 1-14 所示心脉医疗（688016），在上市后的 A 区域出现了低位企稳回升，可短线买入，价格大约为 150 元，至 B 区域冲高回落时股价大约在 190 元，持股仅仅 4 个交易日，获利却可达每股 40 元，涨幅高达 26.66%，即使是掐头去尾，也可获利至少 20% 左右，可谓短期获利较大。

图 1-14 心脉医疗日线图

科创板股票投资策略：

（1）由于科创板刚刚推出不久，一共才首批上市了 25 家公司，股票数量少，可投资的目标股票少，这为其短期的快速上涨奠定了基础，更适合上市走稳后，以短线操盘为主。

（2）科创板股票的这种短期参与的策略，仅仅限于这一板块上市不久的当前，因为毕竟科创板上市公司均为高科技企业，不是未来不具有前景，而是短期上市股票数量少，市场热度高，所以才选择当前以短线操作为主。这意味着，一旦好的科创板上市公司经过上市一年的期限后，若是出现了低位走稳后，是可以进行中线波段投资的。

（3）在科创板推出不久的时间内，短线参与的策略，就是借市场的热度，捕捉科创板股票上市后企稳回升的一个小波段上涨所带来的利润。

第2章 走近科创板：规则要清楚，投资不糊涂

科创板虽然是市场推出的一个全新板块，但同时也是注册制的一大试点，要想真正了解和认识科创板股票，必须全面认识企业申请上市时的审批、个人投资者如何开通科创板、科创板股票的全新交易制度等，这样才能真正做到了解科创板，做到交易规则清晰，投资不糊涂，获利才能有保证。

2.1 上市：低门槛，严审批

2.1.1 上市：瞄准高科技企业

科创板的推出，之所以备受关注，就是其主要关注的是申请上市企业的高科技基因，关于科创板企业的行业定位，在《关于在上海证券交易所设立科创板并试点注册制的实施意见》"二、设立上交所科创板"中规定："（三）准确把握科创板定位。在上交所新设科创板，坚持面向世界科技前沿，面向经济主战场，面向国家重大需求，主要服务于符合国家战略、突破关键核心技术、市场认可度高的科技创新企业。重点支持新一代信息技术、高端装备、新材料、新能源、节能环保以及生物医药等

高新技术产业和战略性新兴产业，推动互联网、大数据、云计算、人工智能和制造业深度融合，引领中高端消费，推动质量变革、效率变革、动力变革。"

这"新一代信息技术、高端装备、新材料、新能源、节能环保以及生物医药"六大行业的圈定，以及"突破关键核心技术"的规定和要求，无疑更加限定了科创板申请企业的高科技基因。

科创板与创业板高科技基因的差别：

当年创业板推出时，虽然目标也是瞄准了高科技企业，但事实上，从登陆创业的股票中就可以发现，许多创业板股票的高科技是缺乏水准的，且大多关注创业型企业。而科创板在推出前，《科创板首次公开发行股票注册管理办法（试行)》的规定明确告诉了我们，科创板申请企业必须"拥有关键核心技术，科技创新能力突出"，这种高科技的突出就是"面向世界科技前沿，面向经济主战场，面向国家重大需求"。科创板上市企业，才是真正高科技基因纯正的企业。例如，图2-1早期创业板上市企业新宁物流（300013）个股资料中显示，这不过是一家物流公司，

图2-1　新宁物流个股资料

主要是从事进出口物流及存储的企业，之所以将其定位于高科技企业，不过是公司在存储方面主要以芯片存储为核心，将其定位于高科技企业，有些勉强。

在科创板上市公司中，我们再来看图 2-2 中属于医疗器械行业的心脉医疗（688016）的个股资料就会发现，这家公司的主要产品为"胸主动脉覆膜支架系统、腹主动脉覆膜支架系统、术中支架类、外周血管支架系统、外周血管球囊扩张导管、主动脉球囊扩张导管"等，公司在《招股说明书》中明确表明："（一）技术先进性公司始终以产品和技术为导向，坚持具有自主知识产权产品的研发和创新，逐步实现从技术跟随到技术引领的角色转换。经过多年潜心研发，公司掌握了涉及治疗主动脉疾病的覆膜支架系统的核心设计及制造技术，成功开发出第一个国产腹主动脉覆膜支架、国内唯一获批上市的可在胸主动脉夹层外科手术中使用的术中支架系统。公司自主研发的 Castor 分支型主动脉覆膜支架首次将 TEVAR 手术适应证拓展到主动脉弓部病变，是全球首款获批上市的分支型主动脉支架。"可以看出，公司所具有的领先全球的核心技术。

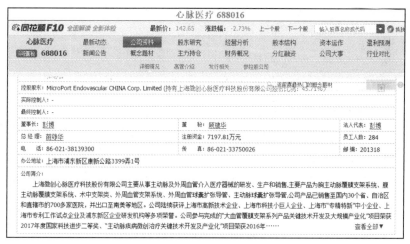

图 2-2　心脉医疗个股资料

投资高科技基因的科创板股票时的注意事项：

（1）虽然科创板上市公司均为"新一代信息技术、高端装备、新材料、新能源、节能环保以及生物医药"六大行业中的高科技企业，但如果是中长线投资时，必须观察公司所拥有的核心技术是否领先，是否拥有完全的自主知识产权，是否具有同行业其他企业所难以超越的优势等，可证明其核心技术的含金量。

（2）当所有的高科技企业云集于同一板块后，尽管不同的科创板上市公司的行业不同，但技术的领先性也是不同的，越是那些高投入技术研发的上市公司，越是能够始终保持核心技术的领先地位。这一点也是衡量科创板上市公司技术水准的一大条件。

2.1.2 业绩：允许亏损企业上市

允许亏损企业上市，是科创板与其他市场板块最大的不同点之一，因为在主板、创业板、中小板中，是不允许亏损企业上市的。因此，在注重基本面投资的投资者选择科创板股票投资时，一定要注意这一点。

允许亏损企业上市的法律依据：

在《关于在上海证券交易所设立科创板并试点注册制的实施意见》"二、设立上交所科创板"中规定："（四）制定更具包容性的科创板上市条件。更加注重企业科技创新能力，允许符合科创板定位、尚未盈利或存在累计未弥补亏损的企业在科创板上市。综合考虑预计市值、收入、净利润、研发投入、现金流等因素，设置多元包容的上市条件。具体由上交所制定并公布。"

这就意味着，企业在申请科创板上市时，是允许尚未盈利或处于累计亏损的企业上市的。虽然在首批上市的科创板企业中，目前的25只股票中，尚未出现一家亏损或未盈利企业，但是在申请科创板的上市企业中，已经出现了多家尚未盈利或亏损的企业，和舰芯片是首家持续亏损的申请企业，最终因企业内部控制权不清晰等因素，在保荐人的劝说下，企业自动退出了继续审核。其后的百奥泰生物制药股份有限公司同样是一家持续三年出现连续亏损的企业，但公司在 2016 年、2017 年、2018 年连续三年持续高达 92.2%、95.1%、95.4% 的研发投入，也成为亮点。目前，从图 2-3 中上海证券交易所官网上查阅到的信息是，这家企业尚处于"已问询"的审核状态。

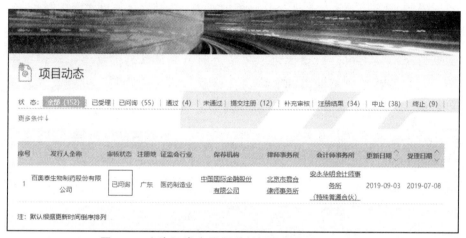

图 2-3　上海证券交易所科创板股票发行上市审核

投资业绩亏损企业的策略：

（1）尽管在首批上市的 25 家科创板企业中，还没有出现一家亏损企业，但是不能排除未来出现亏损企业的情况发生，投资者在投资科创板股票时，一定要注意查看这家企业的财务情况，已确定这家企业是否处于亏损状态。

（2）并不是亏损或尚未盈利企业就不具有投资价值，应当理性对待亏损企业，在科创板企业上市审核中，会"综合考虑预计市值、收入、净利润、研发投入、现金流等因素"，以及造成企业尚未盈利或持续亏损的原因。

（3）投资亏损或尚未盈利的科创板企业时，尚未盈利与亏损不是关键，关键看上市公司拥有的技术是不是处于行业领先地位，市场对企业的核心技术转化的社会需求是不是强烈。往往具有这种因素的亏损企业，是最适合中长线投资的，因为一旦企业的核心技术转化为社会产品或服务后，所产生的社会效益也是最大的。

2.1.3　注册制试点：严格执行预披露制度

《关于在上海证券交易所设立科创板并试点注册制的实施意见》"一、总体要求"中明确指出："从设立上交所科创板入手，稳步试点注册制，统筹推进发行、上市、信息披露、交易、退市等基础制度改革，发挥资本市场对提升科技创新能力和实体经济竞争力的支持功能，更好服务高质量发展。"可见，国家在上海证券交易所推出科创板的目的之一，就是以科创板为切入点，大力实施注册制试点，严格推行预披露制度。

注册制：

简单来讲，注册制就是信息披露，也就是上市公司的信息完全公开。在《关于在上海证券交易所设立科创板并试点注册制的实施意见》"三、稳步实施注册制试点改革"中规定："（八）上交所负责科创板发行上市审核。上交所受理企业公开发行股票并上市的申请，审核并判断企业是否符合发行条件、上市条件和信息披露要求。审核工作主要通过提出问题、回答问题方式展开，督促发行人完善信息披露内容。上交所制定审核标准、审核程序等规则，报证监会批准。"

可见，科创板实施的注册制，就是由上海证券交易所负责上市企业的申请工作，然后上报中国证监会，由中国证监会负责最终的企业上市的注册，获批企业再根据要求，在上海证券交易所进行上市前的信息预披露。如图2-4所示微芯生物（688321）在2019年申请科创板上市时，由保荐人安信证券股份有限公司通过上海证券交易所的科创板上市申请系统提交了申请，在获得上海证券交易所审核通过后，报请了中国证监会批准。2019年7月17日，中国证监会发布了证监许可（20191299令）——《关于同意深圳微芯生物科技股份有限公司首次公开发行股票注册的批复》。微芯生物得到通知后，即按照规定，由保荐人安信证券股份有限公司向上海证券交易所上传了需要披露的《科创板首次公开发行股票招股说明书（注册稿)》《审计报告》《法律意见书》等信息。微芯生物的这一行为，即是在注册制下执行的预披露制度。

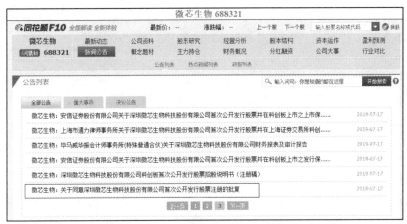

图 2-4　微芯生物个股资料

投资者如何理解科创板企业上市时的注册制：

（1）科创板企业上市时的注册制，是国家关于企业上市时的一种公开披露制度，基本上与投资者投资科创板股票时是没有关联的，因投资者投资的是公司公开发行的股票，这就是说，公司只有上市后方能成为投资者的目标。投资者只要了解，科创板企业上市时的制度发生了变化即可。

（2）注册制在科创板企业上市时的试点，目的是使上市企业的信息完全公开、透明，是有利于投资者对这家公司做出判断的。在注册制的预披露制度下，更有利于喜欢申购新股的投资者全面了解即将上市企业的经营、财务等状况。

2.2 投资者：高标准，开通需申请

2.2.1 资金：资金达不到体量勿入

投资科创板，不是只要拥有了一个证券账户就能够直接参与的，必须提前进行申请开通后，方可进行科创板股票交易。然而，投资者如想申请开通科创板时，是有一定的资金量要求的。达不到资金要求时，是不会获利开通的，将无法参与科创板股票的交易。

申请开通科创板时的资金要求：

根据《关于科创板投资者教育与适当性管理相关事项的通知》规定："申请权限开通前 20 个交易日证券账户及资金账户内的资产日均不低于人民币 50 万元（不包括该投资者通过融资融券融入的资金和证券）。"

这就意味着，申请开通科创板时，必须在开通前的 20 个交易日内，证券账户中的资金账户内的资产必须日均不低于 50 万元人民币。其中的资产指资金账户内的现金和拥有的股票市值，均不能低于这一资金量。同时，不包括投资者通过融资融券拥有的资金及证券。因此，投资者在申请开通科创板时，必须如图 2-5 所示，登录个人的资金账户，观察是否已经达到了资产体量的要求。只有达到这一要求时，方有了申请开通科创板的前提。

投资者开通科创板时的资金要求：

（1）关于开通科创板时的资金要求，是指投资者从银行转入证券账户的资金账户内的资金量，必须达到在申请前 20 个交易日内不低于 50 万元人民币时，方满足了要求。

（2）关于资金账户内 50 万元人民币的资产，不仅包括资金账户内闲

图 2-5　同花顺委托下单

置的资金数量，还包括持有股票的资金量。但关于持股资金量不是以股民买入股票时的资金计算的，必须是以之前 20 个交易日内的股票总市值+账户余额保持在至少 50 万元人民币时方可。

（3）投资者在计算资金账户内的资产时，关于开通融资融券后获得证券的部分资产，不能计算在申请开通科创板时的资产总量。

2.2.2　经验：经验不足者拒绝开户申请

个人在申请开通科创板时，账户资产的 50 万元人民币体量只是一个方面，还有一个重要内容也必须注意，就是投资者的投资经验。如果只有资金而没有一定的投资经验，也是无法参与科创板股票投资的。这就使投资科创板时有了一个更高的标准。

申请开通科创板时的投资经验要求：

根据《关于科创板投资者教育与适当性管理相关事项的通知》规定："申请权限开通前 20 个交易日证券账户及资金账户内的资产日均不低于人民币 50 万元（不包括该投资者通过融资融券融入的资金和证券）；参

与证券交易 24 个月以上。"

这就是说，申请开通科创板的证券账户，必须已经注册至少 24 个月的时间，必须有过了 24 个月的证券交易经验后，才能最终获得开通申请的获准。

例如，如果开通证券账户和交易账户的时间是 2017 年 11 月，开通后即从银行转入了 100 万元的资金，那么在 2019 年 10 月，如果想开通科创板是不行的。因为看似开通证券账户已经满两年，但是却只有 23 个月的时间，是不满足 24 个月投资经验要求的。

这种情况，只要耐心再等待一个月的时间再选择申请开通即可。

然而，如果是在 2017 年 10 月开通的证券账户，并在开通后转入了 100 万元人民币，到 2019 年 9 月准备开通科创板时，时间和资金量都达到了要求，若是期间从未利用你的证券账户进行过股票交易，那么也是无法开通的。这是因为，虽然满足了开通证券账户的时间要求和申请前 20 个交易日均的资金体量，但是没有买卖过股票，就说明没有投资经验，所以依然是不符合要求的。

申请开通科创板时的经验注意事项：

（1）按照科创板个人投资经验的要求，必须满足"参与证券交易 24 个月以上"，这也就意味着，投资者必须是在 24 个月之前即开通了证券账户，并在此期间进行过股票交易，拥有了 24 个月的投资经验后方可。

（2）如果投资者已经有过 24 个月以上的投资经验，但一直是利用父母、子女、亲戚或是以其他人名义开通的证券账户上进行股票的交易。若是自己想以个人名义再开一个证券账户并申请科创板时，同样是无法获准的。因为理论上讲，你是不具有"参与证券交易 24 个月以上"的经验要求的。这种情况下，要想开通科创板，必须以参与证券交易时使用的账户进行申请，但必须满足申请前 20 个交易日内的日均资产达到 50 万元人民币的要求时，方可申请。

2.3　全新玩法：高风险，高收益

2.3.1　新股上市：五个交易日，上下不封顶

投资者在进行科创板股票交易前，一定要明白科创板股票的交易规则，科创板的推出，不仅是试点注册制和允许亏损企业申请上市这么简单，因为在市场中，科创板的交易制度是与现有的其他板块中的股票交易制度存在很大的不同，例如，科创板新股上市的 5 个交易日，股价是不设涨跌幅限制的。

5 个交易日不设涨跌幅限制的法律依据：

《上海证券交易所科创板股票交易特别规定》第十八条规定："首次公开发行上市的股票，上市后的前 5 个交易日不设价格涨跌幅限制。"

这一点是完全有别于其他板块中的新股上市后的规定的，因为其他板块的新股上市后，只是规定一个交易日内可自由涨跌，涨幅不得超过44% 即可，最大跌幅为 10%。例如，图 2-6 中的天宜上佳（688033）在2019 年 7 月 22 日上市后，在上市的第 4 个交易日中，A 区域的最高涨幅达到了 27.86%；图 2-7 中的柏楚电子（688188）在上市的第 3 个交易日，股价在低开的情况下，B 区域的最大跌幅为 16.47%。

科创板新股上市 5 日的交易策略：

（1）因科创板规定，上市 5 日内是无涨跌幅限制的，在上市的 5 个交易日内的交易中，一定要提防股价的大幅回落，尤其是上市首日的大幅震荡。在没有涨跌幅限制下，股价极易出现大幅冲高和大幅回落的震荡走势，投资时应规避短线风险。

（2）科创板上市后的 5 个交易日内，如果投资者短线参与时，不能单

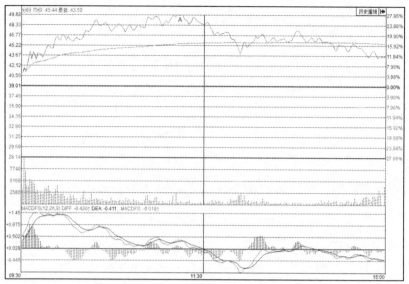

图 2-6　天宜上佳 2019 年 7 月 25 日分时图

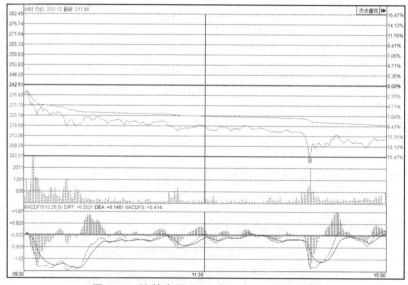

图 2-7　柏楚电子 2019 年 8 月 12 日分时图

独以分时图走势来判断股价的强弱，应结合日线或 30 分钟图等较长周期的 K 线图来观察走势，以确保短线的强势时，方可买入。

2.3.2　常规交易：日涨跌 20%，盘中震幅大

科创板股票的常规交易，就是新股上市后，过了 5 个交易日没有涨幅限制的期限后的任何一个交易日。在这种常规交易日中，科创板股票的涨跌停也是与常规不同的。因为常规的股票在正常的交易日中，是以 10% 为涨跌最高幅度的，也就是我们常说的涨跌停板制度，但是在科创板的常规交易中，是以 20% 为涨跌停最高幅度的。这无形之中就加大了科创板股票的日振幅最高可达到 40%，相对而言，短线参与的风险也加大了，应引起注意。

科创板股票常规交易的法律依据：

《上海证券交易所科创板股票交易特别规定》第十八条规定："本所对科创板股票竞价交易实行价格涨跌幅限制，涨跌幅比例为 20%。科创板股票涨跌幅价格的计算公式为：涨跌幅价格 = 前收盘价 ×（1 ± 涨跌幅比例）。"

这就是说，在过了新股上市的 5 个交易日后，也就是从第 6 个交易日开始，科创板股票在一个交易日内的最高涨幅为 20%，最大跌幅也为 20%，一旦股价触及上下 20% 的价格时，同样会形成涨停或跌停。如图 2-8 中的西部超导（688122）是在 2019 年 7 月 22 日上市的，在其后的 2019 年 8 月 6 日的常规交易日中，当日 A 区域的最高涨幅达到了 6% 左右，最低跌幅达到了近 14%。虽然当日未涉及涨跌停，但日振幅也高达近 20%。

日常投资科创板的操盘策略：

（1）由于在科创板的常规交易中，采取了 20% 涨跌停制度，所以股价的日振幅通常会表现得较大，短线交易时，一定要在确认日线或 30 分钟图较长周期图上股价的上涨走势时，再进行买入，否则一旦振幅加大，短期亏损也会较大。

（2）在科创板股票的常规交易中，虽然短线交易存在的风险较大，但由于日振幅较大，所以更适合 T+0 交易，日收益会相比短线操作其他板

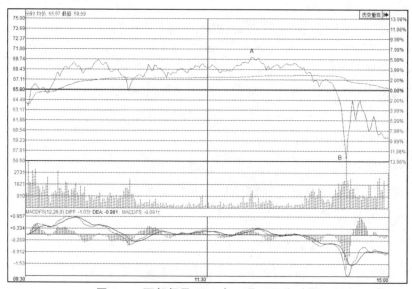

图 2-8　西部超导 2019 年 8 月 6 日分时图

块中的股票时更可观。

（3）由于科创板股票的日振幅较大，所以在操作时，一定要将投资风险排在第一位，管理好仓位，以免出现大的失误所造成的亏损。

2.3.3　交易数量：最低 200 股，最高 5 万股

投资者在操作科创板股票时，操作的数量也是与普通股票不同的。普通股票在操作时，最低的买入或卖出数量以 1 手（100 股）为最低的交易单位，但是在科创板股票的操作中，是以 2 手（200 股）为最低的交易单位的。也就是交易时，可以是 201 股或 305 股，但不能低于 200 股。

科创板股票交易数量的法律依据：

《上海证券交易所科创板股票交易特别规定》第二十条规定："通过限价申报买卖科创板股票的，单笔申报数量应当不小于 200 股，且不超过 10 万股；通过市价申报买卖的，单笔申报数量应当不小于 200 股，且不超过 5 万股。卖出时，余额不足 200 股的部分，应当一次性申报卖出。"

这就意味着，买卖科创股股票时，最低应以 200 股（2 手）为基数，

不能低于这个数量；最高时不能超过 5 万股（500 手），不能高于这个交易数量。这种规定，使科创板股票在某种程度上将一些恶意干扰股价的主力资金排除在外了。因为主力资金无法再用大单干扰股价的涨跌了。例如，图 2-9 中的安博通（688168），无论投资者是在 A 区域股价持续触底回升时的买入交易，还是 B 区域的高位震荡回落时的卖出交易，最大交易量只能保持在最少 200 股或最多 5 万股的水平。

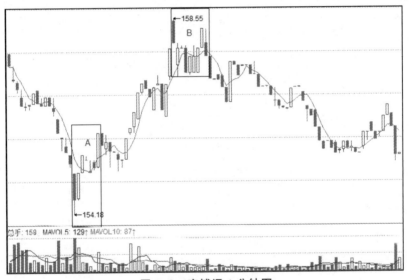

图 2-9　安博通 1 分钟图

科创板投资的仓位管理策略：

（1）由于科创板股票对投资者交易数量的规定，所以投资者在交易时，无论投入的资金量是多少，必须学会有效的仓位管理，合理安排投资一只股票的仓位，否则即使获利，也是无法第一时间全部卖出的。

（2）科创板对股票交易数量的限制，也在无形中让投资者明白仓位管理中一个重要的道理：不能将鸡蛋放入一个篮子内。要学会管理好资金，做好分散投资，以降低股票集中所引发的投资风险。

第 3 章 投资攻略：用智慧取胜，用纪律盈利

投资科创板股票前，一定要明晰科创板股票的投资策略，例如交易策略、交易原则、仓位管理和操盘纪律等，这样才能在交易过程中做到买入股票时有理由，卖出股票时有根据，实现最终投资的获利。

3.1 交易策略：脑不动无智，股不思无谋

3.1.1 趋势：趋势走向，决定了是否操作

趋势是股票操作中至关重要的，趋势决定了股价的运行方向，股票投资时，一定要尊重趋势的变化，在现行的交易制度下，只能买多获利，只有趋势向上时，才会形成买入股票的时机。

科创板趋势与普通股票的不同及原因：

（1）上市表现不同。这种表现主要是因为制度不同，因普通股票是上市首日不设涨跌幅限制，但日最高涨幅不得超过 44%，因此，只要市场不出现明显的弱势时，普通股上市都会表现为直接涨至 44% 的幅度。

科创板股票是上市 5 个交易日内不设涨跌限制。这种差异，就直接造成了科创板股票上市后的 5 个交易日内，可以任由涨跌，完全由市场

来决定其涨或跌，科创板股票上市首日甚至是 5 个交易日内，其走势完全由市场决定，上下振幅较大，也就是股价一个交易日内的大幅冲高回落经常出现，且上市首日涨跌幅巨大。例如，图 3-1 中科创板第一股华兴源创（688001），上市首日的 2019 年 7 月 22 日，股价当日表现为一根极长的十字星，盘中最高价为 72.02 元，最低价为 39.59 元，开盘价为 55.40 元，收盘价为 55.50 元，当日振幅达到了 128%，其后在 B 区域的 4 个交易日内，股价依然不受涨跌幅限制，未出现一字涨停，却开始震荡上涨。

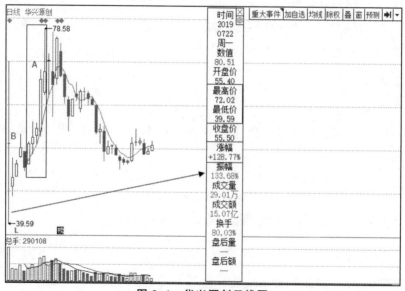

图 3-1　华兴源创日线图

（2）自由交易时的短期趋势不同。由于科创板与普通股票过了首日或 5 个交易日的涨跌幅限制后，普通股是以 10% 的涨跌幅度为准，通常会受供求关系影响，出现持续的一字板涨停现象。科创板股票，由于规定是上市 5 个交易日内不设涨跌幅，在有买有卖后的第 6 个交易日能够自由交易时，涨跌幅又放大为 20%，这样其涨跌空间在被前 5 个交易日极度涨跌后，其股价在单日内又具有了更大的涨跌幅后，股价伸缩的弹性就显得不剧烈了，股价不会出现普通股票上市后的一字涨停板了，只会依据趋势运行。相对来说，股价的短期趋势会更稳定。如图3-1所示的华兴源创在股价结束上市5个交易日不受涨跌限制后的正常交易的A区域，股价呈现出明显的短期持续上涨趋势。

科创板趋势操盘策略：

（1）在明白了科创板股票与普通股票的不同后，操作策略也就明晰了：短期趋势向上时买入股票，短期趋势向下时卖出回避观望。

（2）科创板股票可自由交易的第6个交易日，如果趋势表现不够明朗时，就应回避操作，仍保持持币观望，选择那些可自由交易的科创板股票中，具有短期向上趋势明朗的股票来操作。

（3）毕竟科创板股票目前都属于流通盘小的次新股，所以上市后尽管股价在上市前5个交易日内都有了尽情涨跌的表现，但由于市场热度高、盘小易炒作的特点，所以通常都会在走稳后出现一波明显的短期上涨走势，成为短线操作的理想目的。

3.1.2 周期：短期操作，胜者为王

在投资科创板股票时，不能排除科创板股票自身所具有的高科技基因，会给上市公司带来长期的业绩增长，因为这些上市公司均是位于科技前沿的企业。但是也要考虑到科创板股票的不同特色，而选择持股周期。就当前而言，应选择短期操作，以获利为主。

选择短期操作科创板的原因：

（1）因科创板推出的时间较短，市场热度极高，但凡热度较高的股票，市场上维持的热度时间都难以过长，科创板股票上市后热度高，受市场资金的关注也高，而市场资金的关注度通常不会长久，否则就会参与上市前的战略配售。而那些关注市场热点的资金，大多以短线进出为主，成为长庄的可能性极低，因此操作上应采取快进快出的短线操作。如图3-2所示的睿创微纳（688002），从中可看出，这只股票是第一批于

科创板上市的股票，上市时间为 2019 年 7 月 22 日，上市时间短，在上市短暂回调后即出现了 A 段走势的快速上涨和 B 段走势的快速下跌，时间也均较短，只适合短线操作。

图 3-2　睿创微纳日线图

（2）科创板股票的交易制度不同，例如日涨幅和 T+1、预披露制度等，虽然在一定程度上能够让其更透明，有利于股价稳定，但从西方市场上来看，但凡科技股都表现出了大起大落的走势，因为在这个科技兴国的背景下，科技公司所掌握的科技水平，是很难维持长久先进水平的，这也就意味着其业绩是难以始终保持长盛不衰的，所以不适合长线投资。

（3）这一板块推出时间过短，虽然当前保持着平稳，若是长线投资，没有可借鉴的先例，而股票市场的兴衰受各种经济因素制约较多，小市值的科创板企业，普遍存在技术堡垒不坚固的特点，也就是技术流失风险较大。短期企业所具有的技术优势，很容易成为刺激市场成为关注的焦点，更适合短线操作。

科创板短期操盘策略：

（1）在短期操盘过程中，一定要做短平快，就是股价短期转强时，一定要敢于买入股票；短期转弱时，应果断卖出股票。短期趋势变化，是短线操盘的节点。

（2）短期持股周期，是由短期趋势决定的。如果短期上涨趋势不改的情况下，就应当始终持股，因为不是持股短就意味着不能长，所以具体的持股时间，应以股价的走向是否发生变化而定。

（3）在短线操盘中，长期 K 线图只是起到了短线护航的目的，一切买卖股票的节点，都应多从短周期图来确定。

3.1.3　选股：重业绩，更重市场表现

在科创板投资过程中，选股时与普通股票有着一定的区别，虽然操盘上应以短线操作为主，但短线操盘并不是就不注重公司业绩了，在业绩不佳时，也会拖累股价，要在业绩参考的前提下，注重其市场表现。

科创板股票如何观察业绩和市场表现：

（1）观察科创板上市公司的业绩时，虽然和普通股票一样，通过个股资料中的财务状况就可以得出判断结果。但是要注意一个问题，科创板是允许亏损企业上市的，业绩持续优良只能是参考，关键是看上市公司的盈利能力强弱，也就是公司依靠核心技术的盈利能力，能力强时为优选对象。公司主营业务依赖性不能太集中，否则一旦依赖对象出了问题，势必会影响到上市公司的业绩。

（2）市场表现就是股票上市后的趋势，只有上涨趋势强时，尤其是持续的量价齐升时，才能确保市场上涨的热度。一旦被冷落或抛弃时，短期则不能再接触，因为很多时候，市场突然抛弃一只股票时，会是从基本面的突然变脸所引发的。而这一点，普通投资者是难以通过消息得知的，只能靠股价的市场涨跌表现来决断。如图 3-3 所示的天准科技（688003）可以看出，这只股票上市后，股价出现短期冲高回落后，在 A 区域，形成了 5 根均线向上发散运行的多头上涨趋势，成交量持续阳量放大，说

明短期趋势已转强，应果断选择在 A 区域买入股票。

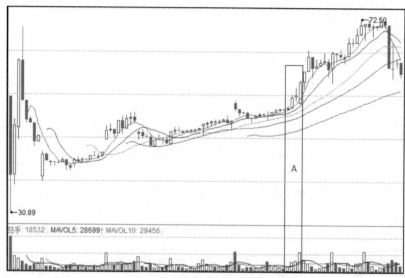

图 3-3　天准科技 30 分钟图

科创板选股策略：

（1）由于当前科创板刚刚推出不久，影响股价的内因——基本面，往往是次要的，因为公司既然能够上市，就说明其经营和技术是符合上市需求的，短期内出现变脸的可能性较低，所以只要关注市场热度即可。

（2）市场表现，一来是整个科创板的市场热度，二来是上市公司所属行业的热度，具体表现就是通过技术手段判断股价是否处于短期上涨。无论是市场热度还是技术手段，最终的结果都是判断股价的短期上涨趋势，只要选股时发现这只股票的短期上涨趋势成立，就可放心参与，否则就应放弃。

3.2　交易原则：有规矩才成方圆，无原则岂会交易

3.2.1　量价原则：无量价不交易

在科创板股票的交易中，由于短线操作，必须遵守量价交易的原则，一只股票在短线波动中，会更为明显地表现出股价因为成交量的变化而产生趋势反转的情况，所以量价是买卖股票的重要交易原则。

量价交易原则的具体要求：

（1）买入股票时坚持价量齐升的交易原则。

也就是说，当我们买入一只股票时，无论是以哪种技术方式判断出了买入形态，当股价出现上涨时，成交量必须保持一种阳量柱持续变长的放大状态，或是明显阳量放大的状态。如图 3-4 所示杭可科技（688006）中 A 区域，MACD 形成了低位金叉的买入形态，同时上方的 K 线呈持续上涨，下方成交量表现为持续放量的量价齐升状态，这时方可买入股票。

（2）卖出股票时坚持放量下跌的交易原则。

就是指当我们在卖出股票时，无论形成了哪种技术指标的卖出形态，股价在快速下跌时，必须量能呈明显的阴量放大或持续较大阴量的状态。同样如图 3-4 所示的杭可科技在 B 区域一样，当股价由高点快速转下跌时，MACD 形成了高位死叉，同时成交量也在股价下跌的同时形成持续阴量放大的量价齐跌，这时方可卖出股票。

注意事项：

（1）量价交易是短线交易中重要的一个交易原则，在这一交易原则

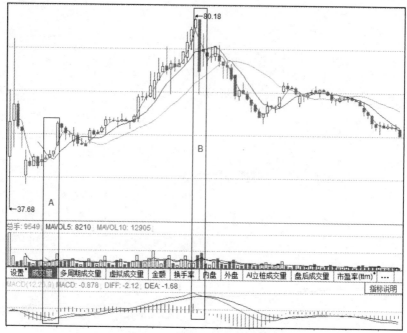

图 3-4　杭可科技 60 分钟图

下，上涨阳量放大与下跌阴量放大是两种明显的股价快速上涨或快速下跌时的表现，量价是判断股价的买卖点时必须遵守的一种量价形态。

（2）如果在交易股票时，若买入时阳量放大不明显时，只要是日线上不形成明显的缩量，说明股价依然为强势特征；若是股价快速下跌时，如果日线上阴量放大不明显，分时图上形成了明显的区间放量时，是股价快速转跌初期的征兆，此时即应果断卖出股票。

（3）如果是股价下跌过程中，突然出现明显的缩量状态时，则多数说明股价会出现止跌，但是否回升，还要根据回升时的阳量放大状况来判断。这一点主要应用于通过日线股价阴量回落时，分时图上通过量价来判断强势时使用，大多在持股过程中判断是否形成了卖点，如缩量后阳量持续放大或明显放大时，意味着强势依旧；如果是缩量后明显阴量再放大时，则意味着股价的转弱。

3.2.2 时机原则：趋势不变，时机未到

时机原则是投资者在买卖股票时把握买卖点的时机时必须遵守的一条原则，投资者在操作科创板股票时，一定注意把握好时机原则，以买在股价回升趋势变化之初，卖在股价下跌趋势变化之初。

时机原则的具体要求：

交易时的时机分为买入时机与卖出时机，时机原则也包括买入时机原则与卖出时机原则。

（1）买入时机原则。就是投资者在买入股票时，必须等到股价的趋势出现了明显的止跌回升时，形成了量价齐升，就说明买入时机到了，此时的买入行为才安全。如图 3-5 所示光峰科技（688007）A 区域，股价止跌回升时，出现了 K 线快速上涨、成交阳量明显持续放大的量价齐升，这时就构成了买入股票的时机。

图 3-5 光峰科技日线图

（2）卖出时机原则。就是投资者在卖出股票时，必须等到股价的趋势出现了明显的止涨回跌时，形成量价齐跌，就说明卖出时机到了，此时

的卖出行为才能卖在高点转跌时。同样如图 3-5 所示光峰科技在 B 区域，当股价在上涨中快速转跌时，K 线表现为一根有较长上影线的长阴线，成交量也由最初的阳量转为放大状态的阴量，这就构成了卖出股票的时机，即使是 B 区域中的阴线当日未卖出股票，也应在次日果断卖出。

注意事项：

（1）时机是股票交易过程中重要的内容，只有把握好了时机，才能买在低位启涨处，卖在高位转跌时。时机原则是股票交易过程中最为重要的内容，因为一切的技术，都是判断趋势反转形态是否成立的方法，而时机则是把握买点与卖点的关键。

（2）最为直接的买入时机原则，是股价趋势反转向上时，出现量价齐升；最为直接的卖出时机原则，是股价趋势反转向下时，出现放量下跌。因此，时机原则与量价原则的关联度很高，是交易中必须共同遵守的原则。

3.2.3 操盘原则：快刀斩乱麻，慧剑锁利润

科创板股票的操盘原则，就是短线的操盘原则，交易时不能犹豫，一旦通过技术手段捕捉到了买卖形态时，要敢于在第一时间做出买入或卖出的操作。也就是投资者在交易操作中，无论买入或卖出等行为，都必须做到短、平、快。

操盘原则的具体要求：

（1）无论买入还是卖出，在交易操作时，都必须做到短、平、快，不能犹豫和观望，不能抱有等等看的思维，该买入时必须第一时间买入；卖出时也一样，不能坐、等、靠和观望。因为短线操盘中，时机往往是短暂的，所以必须快速买入才能抓住股价止跌回升的时机，也才能在高位转跌初期果断卖在高位。只要稍一迟疑，就容易错过最佳时机，甚至是引发操盘失误。如图 3-6 所示澜起科技（688008）中 A 区域股价持续回升中阳量持续出现，应果断在 A 区域右侧的阳线时买入股票。到了 B 区域，形成了两根阳线的孕线，有经验的投资者应在孕线形成的第二根

阳线高点未突破前一根阳线高点时，即卖出股票。即使经验少的投资者，也应在 C 区域股价短线冲高后快速回落时形成了量价齐跌时，果断卖出股票。无论买入与卖出，都应做到坚持、果断。

图 3-6　澜起科技日线图

（2）不怕失误，不后悔。就是无论买入或卖出时，不要怕操作失误，也不能后悔操作错误了。例如买入时若是失误了，第二日果断止损出局即可，卖出时失误了无非是卖早了，但已实现盈利，所以卖出后坚持不要在股价宽幅震荡后依然上涨时，再买回来，以免高位被套。如图 3-6 所示澜起科技中 B 区域孕线形成时，卖在了当日的低点，也不应后悔，因此时已实现了获利。

注意事项：

（1）操作时要想做到短、平、快，就要在平时克服自己拖沓的交易习惯，只要是看准了，就敢于在第一时间内做出买入或卖出的交易。

（2）投资者要想在交易时做到短、平、快，要首先强化自己对短线操盘技术的把握，只有技术完全掌握了，并在实践中能够熟练应用了，多数时候就不会产生错误的操作。

（3）要想在操盘过程中不后悔，就要严格遵守操盘纪律，因为短线操作，不可买在最低点和卖在最高点，只要抓住了股价短线上涨的一个小波段获利润就行了，不要总是心存贪念，因为过贪就难以在股价转跌初期及时锁住利润，坐、等、看的结果很容易让获利化为乌有，甚至是亏损，尤其是卖出后股价依然短线上涨时，再接盘则极易形成高位被套。

3.3 仓位管理：出拳有轻重，投资有多少

3.3.1 重仓：抓住机遇，重仓出击

重仓是短线操盘时一种重要的仓位管理方法，因为股价在快速上涨时，一旦重仓出击，则短期内很容易获得较为丰厚的利润。但重仓操作时，必须把握住机遇。

重仓操作的要求：

作为中小投资者，重仓不等于全仓进全仓出的操作，必须遵守以下内容。

（1）短线操盘熟练后，再以重仓出击为主。如果投资者的短线操盘技术不够熟练时，很容易出现操盘失误，出现许多人为的错误操作，造成重仓操作的失误引发的巨大损失。

（2）重仓操作时，必须是一只股票趋势明显反转为向上时再操作，最为明显的是趋势反转向上的形态。因为只有短线持续放量上涨才是反转的量价形态，更为可靠，此时的重仓买入，才会降低短线持股的风险。如图 3-7 所示新光光电，A 区域虽然出现了中阳线的快速止跌，但此时趋势反转尚不明显，且阳量并不大，所以重仓操作者，可选择在其后 B 区域或 C 区域持续的阳量上涨时再买入，因此时趋势已明显反转向上，

呈震荡上行的状态，尤其是 C 区域已形成了均线多头上涨趋势，买入股票的安全性更高，更适合以 2/3 左右的重仓买入股票。

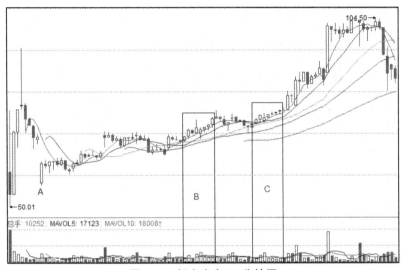

图 3-7　新光光电 30 分钟图

（3）如果重仓操作时，一旦发现短线的趋势转弱，就应果断清仓出局。当发现股价转期转弱的形态不够明显时，也应大幅降低持股，将利润及时锁定，一旦其后趋势明显转弱时，再清仓出局。

注意事项：

（1）重仓操作时，仓位应保持在半仓以上，最好不要全仓，即使是股价转涨的态势十分明朗时，也应留有一定底仓。例如以 3/5 仓或 2/3 仓重仓出击。科创板股票单日振幅较大，留有底仓的操作，是为了亏损时可以补仓，甚至是为了发现了其他好票时有资金可以参与。

（2）重仓操作者在卖出股票时，一定要学会分仓卖出的方法，也就是当股价短线快速上涨后，一旦转弱时，应学会卖出大部分仓位，只保留利润，这样即使后市股价走弱，不过是少获得收益而已，也是不会亏损的。

（3）重仓操作者在持股过程中，要坚决克服坐、等、看的习惯，一旦发现股价在高位大幅震荡时，就应果断清仓出局。因越是高位大幅震荡的股票，往往说明上涨分歧在加大，股价筑顶的风险在加剧，绝不能再贪图最后的一点利润。

3.3.2 轻仓：摸着石头过河

轻仓在仓位管理中，通常是指少量的仓位。这种仓位，大多时候是用于中长波段操作中，但如果是短线操作的初学者，应在学习技术的阶段采取这种轻仓的操作，此阶段轻仓的目的不是获利，而是为了通过实战来验证技术和熟悉操作。每一个短线操盘初期的投资者，都要学会轻仓操作。

轻仓的具体要求：

（1）轻仓的仓位，一般保持在资金总量的 1/5 或 1/4 左右，对于初学短线技术的朋友可以更低，甚至是以最低的交易量，二三百股为主。

（2）轻仓的含义，是让投资者边学技术边实践，所以轻仓的主要目的是学习技术，通过轻仓的实战，一来充分理解短线操盘技术，二来可以熟练操作。因为如果只是一味学习而不去操盘，是无法做到熟练操作的。也只有通过轻仓的实践，才能在成功或失败后，慢慢总结出操盘经验，更利于后期的重仓操盘。如图 3-8 所示中国通号（688009），在 M 区域出现明显的量价齐升状态，此时初学者即可轻仓买入，并且在买入后应仔细观察 K 线图上的情况，除了 M 区域中 A 区域和 B 区域的量价齐升状态外，A 区域 K 线下方已形成了均线多头上涨趋势的初期形态，C 区域也形成了明显的 DIFF 线快速向上翘起的突然启动上涨的形态，这些都是要学习的内容。

注意事项：

（1）轻仓在仓位管理中，是初学者掌握操盘技术、熟练操盘的学习和实践过程中不可缺少的一个过程，因为在短线操盘中，通常是不宜轻仓操作的。

（2）投资者如果熟练了短线操盘技术后，绝不能在发现某只股票的买

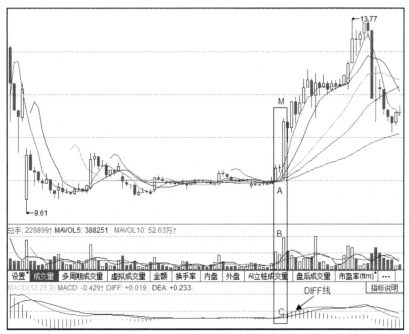

图 3-8　中国通号 30 分钟图

入形态不符合买入要求时，即轻仓试探性操盘。这种轻仓操作，包含了赌博的成分。投资者在买入股票时，都是因为判断出了短线的强势才买入的。一旦买入形态勉强时，绝不能轻仓勉强操作，否则久而久之，极容易养成选股不严的习惯。

（3）轻仓的概念，还包括卖出股票时，也就是当我们重仓买入股票后，一旦发现短线呈现出相对弱且未形成明显的卖出形态时，应选择卖出大部分股票，保持轻仓状态。这时的轻仓是为了以利润来期待其后的再上涨。但同样在这种轻仓状态下，一旦发现其后趋势明显转弱时果断离场，绝不能产生赌博心理。

3.3.3　空仓：趋势不明朗，持币来观望

空仓在短线操盘中是十分重要的。不会空仓的投资者，通常是那些经常亏损的朋友，投资者在投资过程的仓位管理中，一定要学会空仓。

空仓的具体要求及原因：

（1）空仓的目的是能够在选择符合买入要求的股票后买入，投资者在选择空仓时，往往是自己还没有选择出适合操作的股票时。

（2）由于当前科创板股票的上市时间较短，当前操作科创板股票时是等于操作次新股，而在一只股票上市未满一年的时间内，很难发现其是否具有长期投资价值，即使有也会因上市后的快速上涨，透支了短期的利润。每次的操作，都要在卖出股票后未寻找到新的投资标的时以空仓为主。也就是大多数时候，均应保持一种空仓状态。如图 3-9 所示中微公司（688012）在 A 区域的上市后略冲高后的转跌过程中，以及 B 区域的 MACD 双线相距较近状态的水平小幅震荡和股价的小幅震荡中，均线也形成了缠绕状态，即使是股价在 A 段下跌末端出现了止跌回升，但却形成了长期的震荡，因此应一直保持空仓的状态。

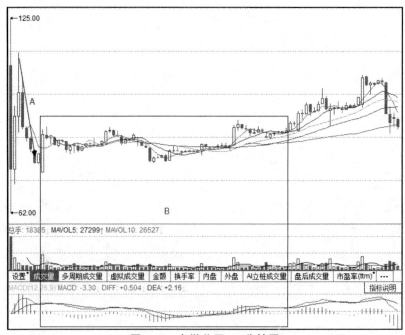

图 3-9 中微公司 30 分钟图

注意事项：

（1）短线操盘的关键，就是要投资者学会在大多时间内均保持一种空仓状态，因为如果在未发现好的科创板股票前，若是持有了其他板块的老股票，一旦发现了理想的科创板股票时，就无法在第一时间买入，则选股成了无用功。

（2）即使是投资者抱着短线操盘其他板块的股票时，也应学会大多数时候空仓的习惯，因为空仓不是目的，而是为了选择好可操作的目标股后，能够及时买入。而一旦持有了其他股票的话，就会容易受到持股涨跌的影响，若是持股走弱被浅套，一等二看中，就会错失选好的股票最佳的买入时机，勉强操作后目标股已在高位，容易引发买入后的持股风险。

3.4 操盘纪律：纪律很简单，执行了才是纪律

3.4.1 忍：忍住的才能赚钱，忍不住的只能亏损

忍是操盘过程中最重要的一条纪律。因为如果你不懂得忍的话，就无法按照买入形态买入、卖出形态卖出来操盘，同时也无法实现正确的仓位管理。可以这样说，90%以上的投资者之所以炒股赔钱，都是因为不懂得忍，不会忍，所以造成了长期炒股的屡战屡败。因此，投资者在炒股过程中，一定要学会遵守忍的纪律。

忍的具体内容：

（1）忍住追涨杀跌的冲动。追涨杀跌是短线操盘者最容易犯的错误，因为看到盘面个股的快速上涨以及持股的持续亏损，所以难免会割肉卖出持股去追强势股。殊不知，这样的操作是完全错误的，如果明显看到了一只股票在持续快速上涨时，已错过了最佳买入时机，股价随时可以

中止上涨转为下跌。而一只股票若是强势中出现下跌，多数只是盘中的震荡加剧，可能即将进入快速上涨。卖出了震荡加剧的股票，可能会错过牛股，买入了持续快速上涨的股票，可能误入高位接盘的行列，必须忍住追涨杀跌的冲动。

（2）买入前要忍，卖出前同样要忍。买入前的忍，主要是指在买入前，一定要股价达到了买入标准时才可买入，否则就应只看不动，不要一冲动就杀了进去，结果死在了主力震仓洗盘的当口。卖出时要忍，是指一定要在持股中严格按照卖出形态的要求卖出，否则就应坚定持股，不要为股价的短期波动所干扰。如图 3-10 所示交控科技（688015）A 区域之前和 A 区域中的两根阳线上涨出现时都要忍，因 A 区域的持续量价齐升表明了趋势短线强势，B 区域的再次放量上涨时，才是买入时机。买入后一直到 C 区域之间的时间，同样需要忍受盘中股价的短期波动，因为无论股价如何波动，收盘均在 5 日均线之上，说明依然是健康的上涨

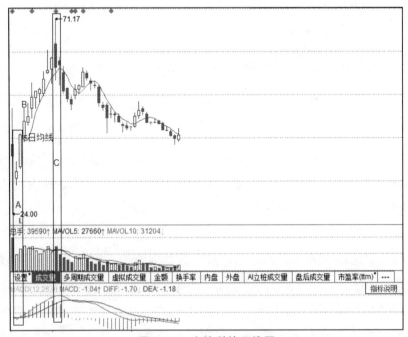

图 3-10　交控科技日线图

状态。只有到了 C 区域，连续出现两根阴线下跌，且持续阴量，才是卖出的时机。只有忍住 A 区域买入形态的成立，B 区域的买入时机才会安全。忍住 A 区域到 B 区域之间的短线波动，才会有 C 区域卖出后的大幅获利。

注意事项：

（1）忍的内容较多，包括中长波段操盘的投资者，同样要学会忍，例如操作老股票时，一定要忍住主力震仓洗盘的阶段，不要轻易买入，直到股价拉开快速上涨时，方是介入的最好时机。

（2）在短线操盘中，要想忍住不追涨杀跌，就必须严格按照买卖形态和买卖点要求来操作，只要是在选股时发现有一方面勉强时，就不要勉强操作，轻仓买入也不可，否则就难以忍受住不追涨杀跌。

（3）忍是操盘中的纪律，不是明明操作失误了，还要非忍住不止损卖出，而硬要持股。因为这种行为不是忍，而是错误地放纵失误行为。

3.4.2 等：不会等，就无法遇到最好的时机

等是操盘过程中同样重要的一条纪律，因为无论在买入股票还是在卖出股票的操作中，不懂得等，就不会在好的时机买入股票，更不会在好的时机卖出股票，交易中是很难获利的，甚至会出现亏损的情况。

等的具体要求：

（1）等待好的趋势向上的买入时机。当我们在买入一只股票时，如果这只股票还处于下跌状态或是弱势震荡状态时，必须等，等什么？等待趋势快速转强的时机，因为如果趋势不出现转强，买入后亏损的概率很大，所以必须学会等待买入形态的形成和买入时机的到来。如图 3-11 所示心脉医疗（688016），C 段走势的下跌需要等，B 区域的弱势震荡同样需要等，为的就是当 A 区域出现明显的量价齐升时，均线形成了多头上涨初期的买入时机。

（2）持股中等待好的趋势向下的卖出时机。当我们买入一只股票后，

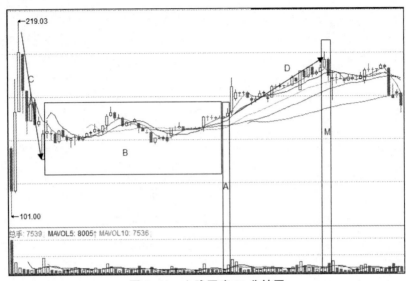

图 3-11 心脉医疗 30 分钟图

如果趋势始终是强势的，并没有形成明显的顶部卖出形态，股价始终还是在 5 日均线上方向上运行，这时即使盘中的振幅再大，也要坚定持股，直到趋势反转向下的卖出形态形成时，再去卖出，以实现获利。如图 3-11 所示心脉医疗在 A 区域买入后的 D 段走势，同样要等，等待 M 区域出现明显的放量下跌的卖出时机再卖出。不懂得等，就会早早卖出股票，缩小盈利比例。

注意事项：

（1）等是操盘中一条重要的纪律，不会等，即使你学会了所有短线操盘的技术，最终也是难以实现获利的。在操盘中，等往往是交易中最重要的一个内容。

（2）等不是目的，等是为了寻找更好的交易机会，买入前的等是为了等到好的买入时机，买入后的等是为了寻找到股价无法再继续上涨的卖出机会。在实际操盘中，持股中的等往往是最煎熬的，一定要忍受住股价短线波动带来的恐慌。

（3）要想遵守等的纪律，必须放平心态，明白股价运行的规律和特征，理性看待股价的涨跌，同时不要总盯盘，最多盯到上午 11 点时，当日的股价强弱走势已很明朗了，强势就继续持股，弱势卖出即可。这样不会受到短线波段的影响。

（4）当买入一只股票后，尤其是重仓买入后，就不要三心二意去看其他股票了，以避免看到强势股时产生冲动，盲目买入。这样才能做到持股中的等。

3.4.3 快：机遇不等人，操盘要果敢

快不仅是科创板操作时的一条纪律，也是短线操盘中必须严格遵守的纪律。无论交易的是科创板股票还是其他板块中的股票，操作上的快属于股票交易中的执行力。即使技术掌握得再好，若是执行操作时不坚决，就会错失良好的买卖时机，降低收益。

快的具体要求：

（1）买入时要快。在操作科创板时，由于常规交易日中，其涨幅为 20%，如果操作时不够快，则很容易错过最佳时机，一旦盘中股价持续冲高，难免会产生一丝担忧，只要是通过形态判断，达到了买入要求后，买入时一定要迅速，因为只要一迟疑，处于强势的股票就会出现快速上涨，无形中增加了成本。如图 3-12 所示乐鑫科技 （688018） A 区域出现了一根阴十字星，有经验的投资者应在当天收盘前买入，因为在延续之前的上涨走势中，A 区域的盘中大幅震荡，只是一种上涨间歇，因 A 区域收盘是收在了 5 日均线之上的，当日出现了 A1 区域的阴量缩减。如果是当日未买入，在 B 区域的次日，股价开盘即放量上涨时很快突破了 5 日均线时果断买入，因一旦慢，则股价早已涨了不少，会增加成本。

（2）卖出时要快。卖出时的快，也是针对卖出形态而言的，只要是发现持股形成了卖出形态时，一旦卖点出现，就不应再犹豫，果断卖出。因为一旦迟疑，处于弱势状态的股票往往有下跌迅速的特征，则一慢股价又跌去了不少，从而降低了收益。如图 3-12 所示乐鑫科技中 C 区域，

股价明显形成了放量大阴线下跌，当日股价跌破 5 日均线后依然放量下
跌时，应果断卖出，否则股价快速下跌中，会大大降低收益。

图 3-12　乐鑫科技日线图

注意事项：

（1）快是指投资者在执行买入或卖出股票时，动作一定要快，因为操
作科创板时属于一种短线操盘，必须在交易时做到快速，不迟疑。

（2）投资者在根据快来操盘时，虽然快是指交易时的执行行为要快，
但这种快也是有一定的条件的，就是操作的股票一定要在符合买入形态
或卖出形态的要求后，形成了买卖点时操作要做到快，而不是提前买入
或卖出，如即将达到买入要求时的快速买入和未形成卖出形态时即快速
卖出，这两种情况的操作不是快，而是提前操作，实战时一定要准确分清。

3.4.4　平：心平气才顺，会亏才能赢

平就是指投资者在操盘过程中，一定要心绪平静，控制好自己的情
绪，不要产生冲动甚至是一切沮丧的情绪。因为情绪的波动会影响到操
盘的准确性。一旦某一情绪控制了自己时，就无法做到客观判断行情，

引发操作的失误。

平的具体要求：

（1）理性看待股价的涨跌。股价出现涨跌是很平常的行为，因为股价有涨必有跌，平时不能一看到股价涨就激动，一看到股价跌就灰心，甚至沮丧，这样就会影响对股价走势的客观判断，容易做出错误的追涨杀跌的行为。

（2）严格按照买卖形态和时机要求进行交易。投资者在操盘时一定要记住，买股是按照买入形态后的买入时机来判断买点的，卖出时也是按照卖出形态后的卖出时机判断卖点的，交易时只要按照这一标准来操作就行了，无须过于关注股价短时的波动。如图3-13所示方邦股份（688020），A区域为上涨过程中的短暂间歇，不管是在阴十字星当日还是次日，根据股价未破5日均线和成交量阴量缩小后放量的买入状态，只要买入股票就可以了。买入后，只有B区域出现了明显的放量下跌时执行卖出即可，而中途C区域的阴十字星是无须担心的，因这根十字星的最低点也是刚刚碰到了下方的5日均线，说明还是强势。这样操作，

图3-13 方邦股份日线图

就能做到心态平了，无论 A 区域的买入还是 B 区域的卖出，都是根据买卖形态后的买卖点时机来交易的。

（3）选好目标股后，就要专心盯准。要想做到平静对待每一次交易，就要严格按照要求来执行，尤其是买股时，要明白买股是在选好股后去操作的，并且要达到买入要求时才能买入，选好股后，只要盯准股票的走势，达到了买入要求后去执行就可以了，无须顾虑其他因素，这样就不会干扰到自己正常的心态和情绪。

注意事项：

（1）平是短线操盘中最不容易遵守的一条纪律，我们每一位投资者看到股价上涨都容易激动，看到股价下跌就会产生沮丧，这是人之常情。因此，要明白股价运行的规律，学会理性看待股价短线涨跌的波动。

（2）要想保持心态的平和，就不要总是养成天天盯盘的习惯，因为哪怕是从开盘一直盯到了收盘也是无济于事的，是无法改变股价的走势的。在一个交易日内，通常是开盘 30 分钟内股价波动较大，进入 10 点后，股价就会趋于平稳，最多盯盘到 11 点，基本全天的走势也就出来了，后面根本无须再去盯盘。这样就能够让自己不过于沉浸在盘面中，让情绪产生负面的波动。

（3）严格按照操盘要求进行交易，如选股时，只要按照在选股时的买入形态选股，把握住买入时机就好了，这就说明这只股票短期向上的概率远大于下跌，交易时只要按照买点的要求操作就可以了。一旦次日失败后也要明白，世上所有的技术都是存在一定的缺陷的，只要及时止损出局重新选股就行了，没必要沮丧，影响情绪。

第4章 技术指标：数据有提示，买卖有依据

虽然股票投资的技术指标只有炒股软件中显示的那些，但是投资科创板股票时，由于当前多为短线交易，也有其操盘过程中的某些常用指标，如盘口、KDJ、MACD、MA等，看似指标并不多，但却有着极高的实用性，必须对这些指标进行深入研究，才能达到每一次的成功交易。

4.1 盘口：热点持续久，盘口信息量大

4.1.1 特征：流通盘小，换手率高

目前的科创板上市公司，都是一些小盘股，这是因为申请科创板上市的企业，都是一些重科技的轻资产公司，首次上行发行股票时市值均不大。在当前科创板上市的企业中，最大市值也只有50亿元人民币。加上科创板推出时间较短，可自由流通的股票数量都极小，仅有几千万股。科创板股票都是一些流通盘小的股票，在盘口上就会表现出换手率高的特征。

流通盘小、换手率高的原因：

科创板股票流通盘小的原因是由上市公司的规模决定的，这些流通

盘小的科创板股票，由于目前都属于次新股，加上科创板股票的日涨跌幅规定为 20% 的极限要求，使股价短期波动较大。同时，科创板推出后一直处于市场高度关注的状态，造成了市场资金的短线持续关注，股票热度高，短线资金的进出会很明显，造成了日换手率都极高。因为即使是加上锁定期的股票，也就是总股本的数量并不大，所以资金的快速进出行为，就造成了日换手率较高的情况。如图 4-1 所示乐鑫科技（688018）中 A 区域 2019 年 9 月 19 日对应的日换手率表现为 10.78%，而此时股价处于弱势震荡中，而这只股票是在 2019 年 7 月 22 日首批上市的科创板企业。从图 4-2 个股资料中的股本结构中发现，这只股票上市的流通股仅仅有 1743.71 万股，即使总股本也仅仅有 8000 万股，所以流通盘不仅极小，总股本也极少，在市场热度不减的情况下，自然会造成短线资金的持续快进快出，形成了日振幅较高的特征。

图 4-1　乐鑫科技日线图

注意事项：

（1）流通盘小是科创板股票最明显的一个特征，因为目前所有的科创板股票均为上市不足一年的次新股，而几乎所有的次新股由于股票锁定期的要求，市场的流通筹码都不多。

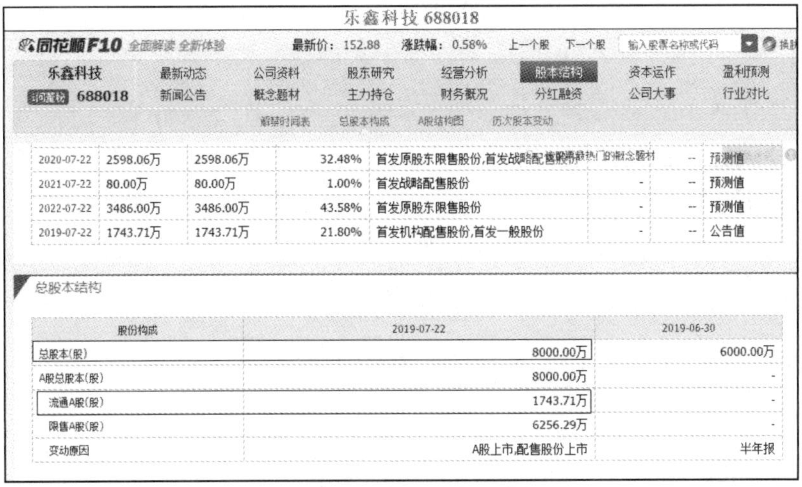

图 4-2　乐鑫科技个股资料

（2）换手率高，不仅是科创板股票的一大特征，同时也是次新股的一个重要特征，因为市场一直偏爱于次新股的短期炒作，加上科创板推出后持续为市场的热点，资金自然关注度高，所以才有了高换手的特征。

（3）投资科创板股票时，尤其是短线投资者，绝不能以换手率来判断股价的强势与弱势，因为高换手是次新股的一大明显特征，不能以观察老股票的换手率一样来短线操作科创板股票。

4.1.2　振幅：振幅大，短线波动剧烈

振幅就是股价上下震荡时的价差，价差大时，为振幅大；价差小时，为振幅小。而在观察振幅大小时，通常是以日振幅为准。振幅大，也是科创板股票的一个明显特征，同时也是所有次新股的一大特征。一只股票振幅大，就说明这只股票在一个交易日内的短线波动较为剧烈。

科创板股票振幅大的原因：

（1）由科创板特殊的交易规定造成的。市场上其他的老股票，在常规的交易日中，是以 10% 的最大涨跌幅为涨跌停限制的，而科创板股票则

规定这种日波动的最大幅度为 20%，这也就造成了科创板股票一个交易日内的最高振幅能够达到最高 40% 的波动幅度。

（2）由次新股特征所造成的。因为科创板股票目前上市时间极短，加上流通盘又小，持续为市场关注的焦点，资金日进出明显，所以在所有参与科创板股票的市场资金中，分歧也就会变化较大，看空者的卖出导致了股价的快速下跌，而看多者的买入又引发了股价的快速上涨，造成了一个交易日内的涨幅幅度较大。如图 4-3 所示瀚川智能（688022）在 2019 年 8 月 6 日的 A 区域，其盘口的日振幅显示为 24.16%，远远大于普通股票一日内的最高 10% 的振幅极限。

图 4-3　瀚川智能日线图

注意事项：

（1）科创板的日振幅大，最主要的原因，很大程度上是由科创板股票的日涨跌规定所决定的，因 20% 的涨跌极限规定，就是意味着股价在一个交易日内上涨最高至下跌最深，理论上可达到 40%。这无形中就加大了短线操作时持股过程中的波动风险。

（2）应辩证来看待科创板股票的日振幅，因日振幅加大的股票，除了风险加剧外，获利也会增大。如果持有一只股票时，更适合盘中做 T+0 交易，因只要把握好短线波动，价差大提供了更大的操作机会和收益的可能。

（3）在操作老股票时，振幅大，往往说明市场资金关注度高，往往是主力洗盘和高位出货时的征兆，但在操作科创板股票时，反而日振幅越大时，则往往是资金分歧加大的特殊时期，应谨慎。如低位快速回升或高位转跌时，极易出现振幅加大。一旦科创板股票的日振幅加大时，往往是变盘时的征兆。

4.2 KDJ：短线波动，趋势转换尽收眼底

4.2.1 构成：J线指路，三线涨跌有序

KDJ 是随机指标，在反映股价短线变化时，准确性较高，往往会先于股价出现反应，尤其是 J 线往往成为股价上涨或下跌时的指路灯，因此是短线操作科创板股票时的一个重要技术指标。

KDJ 构成及主要运行形态：

（1）显示区域。在 K 线图上，所有的炒股软件中 KDJ 的显示区域，均在成交量下方的一栏指标显示区域内，只要点击下方横排的提示中 KDJ 字样，即会显示出来，如图 4-4 所示的情况。

（2）KDJ 指标是由 K 线、D 线和 J 线三条曲线组成，以及指标区域中间的一条水平虚线 50 线。当股价上涨时，往往是 J 线在上，K 线和 D 线依次在 J 线下方，三线呈持续向上分散运行的状态，形成三线向上发散状态；当股价下跌时，往往是 J 线在最下方，K 线和 D 线在 J 线上方，三

线呈向下分散运行的状态，形成三线向下发散状态。如图 4-4 所示乐鑫科技（688018）A 区域内股价上涨时，J 线在最上方、K 线和 D 线依次在下，三线呈向上发散状态；B 区域股价下跌时，是 J 线在最下方、K 线和 D 线依然在上方，三线呈向下发散运行的状态。

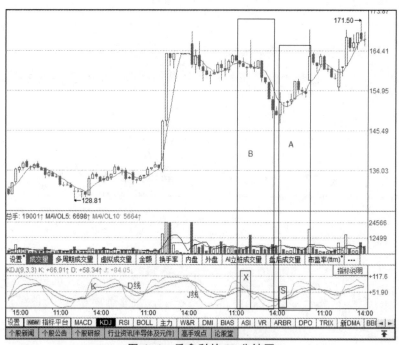

图 4-4 乐鑫科技 30 分钟图

（3）KDJ 金叉和死叉。金叉就是 J 线由下向上依次与 K 线和 D 线形成交叉，往往在指标区域底端出现的金叉为股价上涨的买入信号；死叉就是 J 线由上向下依次与 K 线和 D 线形成向下交叉，往往在指标区间高位区发生的死叉为股价下跌的卖出信号。如图 4-4 所示 B 区域中的 X 区域，为死叉；A 区域内的 S 区域为金叉。

使用 KDJ 指标时的注意事项：

（1）低位金叉和高位死叉通常是判断股价短线上涨或下跌时的主要依据，尤其是 J 线形成了向上的大角度或向下的大角度时，更是判断股价上涨或下跌时速度的一个重要标准，但是必须结合成交量，才能判断更准确。

（2）如果 KDJ 三条线相距较近的状态下，只 J 线上下大幅起落时，往往只是震荡行情，这时形成的金叉或死叉为无效金叉与无效死叉，不能作为判断股价涨跌的依据。

（3）当 J 线向上沿区间上沿平行时，为 J 线在 100 以上时的高位钝化的表现；J 线在最下方沿区间下沿平行时，为 J 线在低位钝化的表现。钝化在短周期图上经常出现，不能作为买卖股票的依据，此时可根据 K 线和 D 线的方向来判断行情。

（4）如果观察 K 线周期图过短时，KDJ 指标往往会表现涨跌变化较快，尽量不要单独使用 KDJ 来判断买卖点。

（5）利用 KDJ 来判断股价的超买与超卖状态时，通常 D 值大于 80 时为超买现象，D 值小于 20 时为超卖现象；或是 J 值大于 100 时为超买，J 值小于 0 值为超卖。

（6）从指标区间上来看，KDJ 指标的区间主要可以分为三个小部分：20 以下为超卖的低位弱势区；20~80 为正常区间，大于 50 时为强势，在 50 以下时为相对弱势；80 以上时为超买的高位超强区域。

4.2.2 多空：多空转换，50 线当裁判

50 线在 KDJ 指标区域，就是位于中间位置的那条水平虚线。在利用 KDJ 指标来判断行情时，50 线有着重要的意义，是判断股价强势与弱势的一个分水岭，应时刻观察 KDJ 三线的运行方向与 50 线的位置。

50 线判断趋势强弱的方法：

（1）强势形态。KDJ 三线由下向上突破 50 线，依然呈向上运行的状态时，表明股价进入了多头主宰的强势上涨状态；三线在 50 线上方小幅震荡时为强势震荡整理状态；三线由 50 线上方向下运行时，只要不跌破 50 线，均为强势整理状态。如图 4-5 所示南微医学（688029）在 E 区域，

为 KDJ 三线向上突破 50 线持续向上运行的多头强势状态；其中 A 区域三线出现向下运行，但未跌破 50 线即止跌回升，为多头上涨中的短线调整行情。

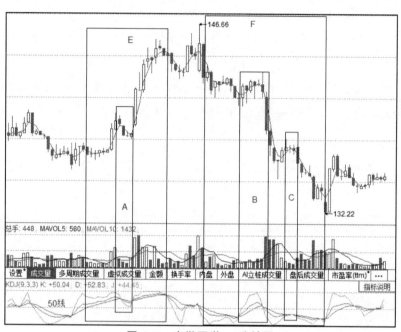

图 4-5　南微医学 15 分钟图

（2）弱势形态。KDJ 三线由上向下跌破 50 线，依然呈向下运行的状态时，表明股价进入了空头主宰的弱势上涨状态；三线在 50 线下方小幅震荡时为弱势震荡整理状态；三线由 50 线下方向上运行时，只要不有效突破 50 线，均为弱势反弹状态。如图 4-5 所示的 F 区域，KDJ 三线向下跌破了 50 线，说明股价处于空头主宰的弱势下跌状态，期间 B 区域三线上行，短暂突破 50 线后即刻又跌破 50 线，为弱势反弹行情；C 区域三线小幅震荡，为弱势震荡行情。

KDJ 操盘策略：

（1）50 线是判断多空趋势的分界线，短线操盘时，KDJ 三线向上突破 50 线后持续上行时为多头上涨趋势成立，是买入股票的最佳时机；

KDJ 三线向下跌破 50 线时为空头下跌趋势，此时应回避操作，空仓观望。

（2）KDJ 三线在 50 线上方向上运行时，即将跌破 50 线时即止跌回升，为上涨趋势中短线结束调整时的买入形态。

（3）KDJ 三线在 50 线上方向上运行时，若只有 J 线向下运行，在即将跌破 K 线和 D 线时，未跌破即止跌回升时，为死叉不死的短线调整结束的征兆。

（4）KDJ 在 50 线下的 20 区间形成低位金叉时，必须量价形成了明显的放量上涨时，才是买入股票的时机。一旦量能不支持时，多数为弱势反弹，行情较短，勿参与。

（5）KDJ 在 50 线下向下运行时，若 J 线出现向上运行，在接近 K 线和 D 线时，未与 K 线和 D 线金叉即转下行时，为金叉不叉的弱势跌形态，应回避。

4.3　MACD：趋势演变，长线短作

4.3.1　构成：双线方向和柱子长短，趋势一览无余

MACD 为异动移动平均线，主要是根据快线和慢线之间的聚合和分离状态来判断买卖时机的技术指标，大多用于中长波段的操作中，其准确率较高。但在短线操作科创板股票时，短周期图上的 MACD 指标形态同样具有着较好的准确性，在使用 MACD 指标时必须了解 MACD 的构成，因 MACD 不只有双线，还有着如量能柱的变化，也是判断行情和趋势变化时的重要参考。

MACD 主要构成：

（1）快线 DIFF。指统计周期短的一条指标曲线，当股价最初发生变

化时，DIFF 线会出现先行，是判断趋势变化初期的一条重要参考曲线。如图 4-6 所示华兴源创（688001）DIFF 线的情况。

（2）慢线 DEA。指统计周期长的一条指标曲线，其运行方向往往决定着股价较长周期的趋势方向。但在观察行情和趋势变化时，应结合DIFF 线的形态来综合判定，如图 4-6 所示 DEA 的情况。

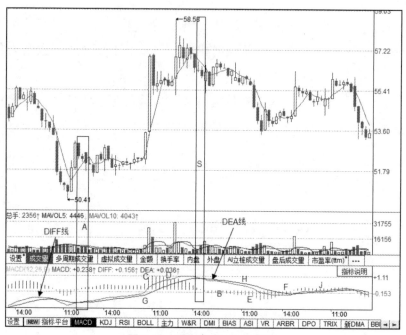

图 4-6　华兴源创 30 分钟图

（3）量能柱。量能柱分为红柱和绿柱。在指标显示区间，位于上方红色的竖立柱线为红色量能柱，简称红柱。红柱越长代表上涨的能量越大，越短代表多方的量能越小；绿柱是指位于下方的绿色竖线，越长代表空方动能越强，越短代表空方动能变小。红绿柱如果极短时，为小红柱或小绿柱，此时辅助判断趋势时参考意义不大，意味着行情的震荡。如图 4-6 所示 C 区域、D 区域为红柱，C 区域红柱变长，代表多方能量增强的股价上涨状态；D 区域红柱变短意味着涨势渐缓；F 区域、E 区域为绿柱，F 区域绿柱变短意味着跌势渐缓，E 区域绿柱变长意味着跌势在扩大；B 区域为小绿柱，J 区域为小红柱，均意味着行情的震荡。

MACD 实用形态：

（1）金叉与死叉。DIFF 线在下方向上与 DEA 线交叉时为金叉，在指标区间出现的低位金叉往往是股价由跌转涨的征兆，但必须红柱持续变长；DIFF 线在上方由上向下与 DEA 线交叉时为死叉，在指标区域高位时发生的死叉为高位死叉，往往是股价由涨转跌的征兆，但红柱往往此时持续变短或绿柱出现并持续变长时，卖出信号更强。如图 4-6 所示 A 区域即为低位金叉，红柱逐渐变长，是股价转强的买入信号；S 区域为高位死叉，红柱消失后转为绿柱，意味着趋势转为下跌，为卖出股票的信号。

（2）双线聚合。聚合是指 DIFF 线与 DEA 线相距较近的状态，意味着股价的震荡变小，此时多为震荡行情，尤其是双线在相距较近状态下的水平小幅震荡期间，为震荡行情，此时应回避操作。如图 4-6 所示 A 区域至 G 区域，为双线聚合，股价表现为小幅震荡。

（3）双线分离。分离往往是买卖股票的时机，当双线在水平小幅震荡时，DIFF 线突然向上明显翘起，或是金叉后双线向上发散运行时，也就是双线向上分离，往往说明股价开启了上涨走势；当双线在死叉后出现向下发散运行时，为双线向下分离，意味着行情进入了下跌状态。如图 4-6 所示 G 区域出现了 DIFF 线明显向上翘起的向上分离，说明股价出现了快速启动上涨；H 区域为双线向下分离，代表着股价的下跌。

注意事项：

（1）在 K 线图上调出 MACD 指标时，只要根据最下方横排的 MACD 指标，点击即可在指标显示区域出现 MACD 指标的情况。

（2）在根据 MACD 指标短线操作科创板股票时，应观察短周期 K 线图，长周期图如日线时，不应使用这一指标，因科创板股票的投资，目前均为短线投资，而长周期变化时，虽然 MACD 本身反映长周期趋势变化时较准确，但过于迟缓，所以应观察短周期图上的 MACD 指标情况，来判断行情和趋势变化。

（3）在利用金叉和死叉来判断买卖点时，应结合红柱与绿柱的变化，并结合成交量的情况来确定，短线操盘时应以 30 分钟图、60 分钟图、5 分钟图、15 分钟图为主，1 分钟图或分时图因时间过短，不可主要以 MACD 指标的形态为主要判断的依据。

（4）如果是在双线相距较近状态的震荡行情中形成的金叉或死叉，往往是无效金叉与无效死叉，不能作为买卖的依据。

（5）双线在向上分散时出现向下聚合时，往往意味着上涨走势的渐缓，是上涨调整的状态；双线在向下分散时出现向上聚合时，意味着跌势渐缓，是反弹的征兆。

（6）如果双线趋势或是 DIFF 线向上的高点或向下的低点趋势与股价形成了方向相反时，为 MACD 背离状态，但由于操作科创是短线行为，可忽略背离形态，一旦出现背离时，应主要参考量价或 K 线形态来判断买卖点。

4.3.2 多空：0 轴为准，尽显多空力量

在通过 MACD 指标来判断行情时，0 轴是不会显示在指标区域的，但是 0 轴又是极为关键的一条线。可以这样讲，使用 MACD 时，如果不懂得 0 轴的重要性，就等于根本不会使用 MACD 指标。在 MACD 指标中，0 轴是一条多空力量的分水岭，双线与 0 轴的位置，直接关系到多空力量的强势。

0 轴的位置：

在 MACD 指标显示区域，0 轴就是位于红柱与绿柱之间的那条水平连线。判断起来很简单，只要通过上方红柱与下方绿柱之间的水平线，即可一眼看出其位置。

0 轴判断多空趋势的方法：

（1）MACD 多头上涨趋势。当 MACD 双线在 0 轴下方运行时，一旦向

上双双突破 0 轴后持续向上运行时，即说明股价已进入多头上涨趋势。期间，若是 DTFF 线或双线出现向下运行时，未跌破 0 轴即止跌回升时，为上涨趋势中短线调整结束的征兆，为最安全的买点；若是 DIFF 线或双线跌破了 0 轴，只要在 0 轴附近出现止跌，一旦转为向上运行、红柱变长时，则为上涨趋势调整幅度略大的结束点，为短线买点。如图 4-7 所示睿创微纳（688002）A 区域即是 MACD 双线相继向上突破 0 轴后持续小幅上行的形态，表明此时股价已进入多头上涨趋势，可在此时买入股票。或是其后 B 区域形成了 DIFF 线向上翘起的向上分离时，买入股票均可。因同时在 B 区域，DIFF 线出现短时中止上行转为平行的轻度调整，并在 B 区域出现恢复上行，也说明了上涨调整行情的结束，所以是理想的买点。

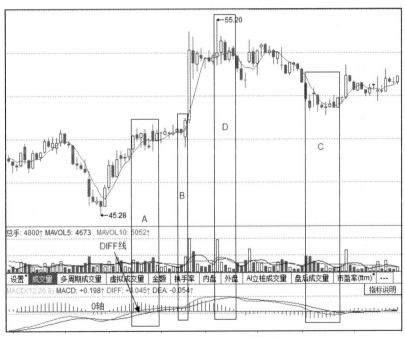

图 4-7 睿创微纳 30 分钟图

（2）MACD 空头下跌趋势。当 MACD 双线在 0 轴上方运行时，一旦向下双双跌破 0 轴后持续向下运行时，说明股价已进入空头下跌趋势。期间，若是 DIFF 线或双线出现向上运行时，为反弹行情；未突破 0 轴或短时突破 0 轴后即跌破 0 轴是反弹结束的征兆；若是双线在 0 轴下方反复震荡时，为弱势震荡行情。由于科创板操作时是短线行为，所以双线在 0 轴以下形成的反弹行情不应参与；同时也不应以 MACD 空头趋势成立时再卖出股票，可通过高位死叉时的放量下跌或双线高位聚合的高位震荡滞涨等形态来判断卖点。如图 4-7 所示 C 区域，即为双线向下依次跌破 0 轴的情况，虽然说明此时股价已处于空头趋势，但由于很快双线出现了黏水平运行，表明趋势进入了震荡行情，不应参与。而卖出股票时，不应以 MACD 空头趋势成立时卖出，而应以 D 区域股价持续震荡下跌、量能极度萎缩时，MACD 双线出现高位聚合，表明上涨趋势渐缓时卖出。

注意事项：

（1）在利用 MACD 判断多空趋势时，多头上涨趋势往往是买入股票的时机，因股价此时已步入上涨趋势，此时的买入是安全的，但必须确保双线突破 0 轴后持续上行，否则就有可能步入震荡调整，突破 0 轴后的双线上行如不明显时，应根据 DIFF 线向上明显分离时再买入。

（2）MACD 空头下跌趋势，只是判断趋势的方法，在短线操作科创板股票时，不应以此为卖点依据，因这种空头趋势形成的卖点，适合的是中长波段的趋势变弱卖点。在短线操盘时，不应以此为卖点依据。

（3）利用 MACD 判断卖点时，如果出现高位死叉时阴量明显放大，或是 DIFF 线向下的角度较大时，可卖出股票。或是通过量价关系来判断卖点，因股价在上涨趋势中转缓慢下跌时，MACD 指标往往出现 DIFF 线沿区间上沿平行状态的高位钝化，双线也会出现聚合，当 MACD 反应过来时，股价跌势已成，卖出就错过了最佳的短线时机。

4.3.3 反转：DIFF 一马当先，方向透露趋势

当股价出现反转时，MACD 同样能够做出反应，为短线买卖股票提供

了依据，因为 MACD 双线的方向能够明确指出股价运行的方向。但短线操盘时，应观察短周线图上的 MACD 指标，如 30 分钟图或 60 分钟图等。

趋势反转时的 MACD 形态：

（1）趋势反转向上。当股价在弱势中出现趋势反转向上时，MACD 双线会形成低位金叉，此时往往会形成 DIFF 线大角度向上的金叉，红柱快速变长；或是双线在金叉后持续向上分离。配合量价，就可以判断出是否形成了买点。如图 4-8 所示杭可科技（688006），在 A 区域是 DIFF 线最先由下行转为上行与 DEA 线形成了低位金叉，红柱出现并持续变长，且量价形成了放量上涨，股价才出现了趋势反转向上。

图 4-8　杭可科技 30 分钟图

（2）趋势反转向下。当股价在强势中出现趋势反转向下时，MACD 最明显的卖点形态是高位死叉，DIFF 线向下的角度越大时，卖出形态越坚决。但股价缓慢反转向下时，MACD 指标会表现得较为迟缓，应根据双线向下分离的情况，主要通过量价变化来判断卖点。如图 4-8 所示 B 区域，是 DIFF 线率先转为向下运行，并与 DEA 线形成了高位死叉，双线出现向下分离，绿柱出现持续变长时，量价形成了放量下跌，股价趋势才出现了明显的反转向下。

MACD 趋势反转操盘策略：

（1）由于相对于其他指标而言，MACD 的反应相对迟钝，所以在短线操盘时，如果 MACD 指标在趋势反转时的形态不够明显时，应以量价为主要依据，或是观察其他指标来确定买卖点。

（2）如果股价是在长期震荡的情况下，一旦出现了趋势快速转强时，MACD 的形态往往是双线在相距较近、几近黏合的状态更好，DIFF 线突然出现快速向上翘起的双线向上分离状态，同时成交量会表现为明显阳量放大、股价阳线上涨的放量上涨状态。

（3）如果在根据 MACD 判断趋势反转时，出现了股价趋势方向与 MACD 运行方向相反的背离形态时，虽然背离也是判断波段趋势反转时的一个重要特征，但由于操作科创板股票是一种短线操盘，所以这种短时的 MACD 背离是难以准确判断趋势是否形成了反转的，因此应在背离时以量价为主去判断反转的买卖点，以 MACD 指标为参考。

4.4 MA：移动平均线的方向，提升股价涨跌概率

4.4.1 构成：周期越长，预示着趋势持续越久

MA 即均线的英文简称，全称为移动平均线，简称均线，是指一定时间周期内股票收盘价的平均值。计算方式很简单，就是以一定时间内的股票收盘价之和去除以这一时间周期，将这一数值连成线，就是均线。

由于 MA 反映的是一定周期内的收盘价平均值，所以其方向更具有参考性，对于股价的趋势反映得更为准确。

均线判断趋势的方法：

（1）均线多头上涨趋势的判断方法。均线多头上涨趋势又叫作均线多头排列，是指 5 日均线、10 日均线、20 日均线、30 日均线、60 日均线依次由上向下排列，各条均线呈向上发散运行的状态。均线多头上涨趋势初期，是一种买入形态，是买入股票时的重要依据。如果在均线多头排列状态下，短期均线出现了向下运行，一旦转为向上运行时，即是调整结束时的买点。如图 4-9 所示杭可科技（688006）中 A 区域，即是均线多头排列的上涨趋势，其中的 B 区域为 5 日线略向下运行后转上行的短线调整结束的征兆。

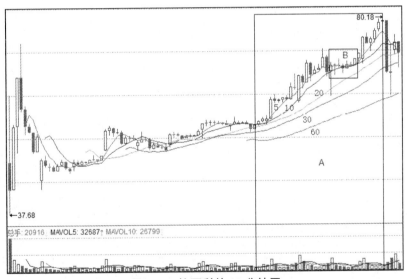

图 4-9 杭可科技 30 分钟图

（2）均线空头下跌趋势的判断方法。均线空头下跌趋势又叫作均线空头排列，是指 5 日均线、10 日均线、20 日均线、30 日均线、60 日均线由下向上依次排列，各均线呈向下发散运行的状态。标准的均线空头排列形成时，往往说明趋势已明显转为下跌，所以在短线操盘时，尤其是通过长周期图观察时，是不宜在均线空头排列形成时卖出股票的，因此时往往已形成了明显的下跌，卖出行为是延后的。如图 4-10 所示容百科技（688005）中 A 区域的情况，即是均线空头排列的下跌趋势。

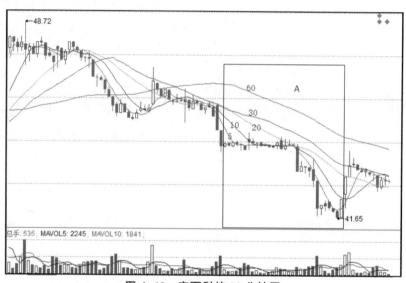

图 4-10　容百科技 30 分钟图

均线判断买卖点时的形态和方法：

（1）在根据均线形态判断买卖点时，买入时应以均线多头排列初期形成时，量价齐升为依据。但卖出股票时，应主要结合量价关系，如放量下跌，来判断短期趋势转弱的特征来判断卖点。如果观察的周期图过短时，如图 4-11 所示中国通号（688009）中 A 区域，即是各均线依然由短至长由上向下依次排列并向上发散运行的均线多头上涨初期，股价上涨、成交阳量持续放大的量价齐升状态，此时即可果断买入股票。在其后上涨的 B 区域，形成了明显的放量下跌状态，但此时各均线中只有最上方的 5 日均线已转下行，下跌趋势并不明显，但放量下跌已形成，就应果断卖出股票。

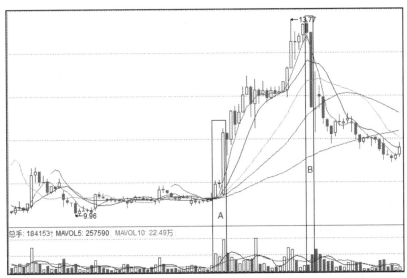

图 4-11　中国通号 30 分钟图

（2）均线金叉与死叉。金叉就是短期均线由下向上与长期均线形成的交叉，是助涨的形态，所交叉的长期均线周期越长时，涨势越持久。死叉就是短期均线由上向下与长期均线形成的交叉，所交叉的长期均线越长时，跌势越明显。同时，放量金叉或放量死叉时，短期均线向上或向下的角度越大时，说明上涨或下跌的态度越坚决。如图 4-12 所示福光股份（688010）在 A 区域，明显出现了 5 日均线与 10 日均线、20 日均线、30 日均线相继快速形成了向上的交叉，股价呈现放量上涨形态，应买入股票。到了其后的 B 区域，出现上方 5 日均线与下方 10 日均线的死叉，是趋势短线转弱的征兆，但卖出股票时，则应在 M 区域，出现明显的持续阴量下跌时卖出，而不一定要等到死叉时的 B 区域再做出反应。

注意事项：

（1）MA 虽然是移动平均线，具有趋势稳定的特征，但是在股价短期变化中，表现依然是落后于股价的，所以在卖出股票时，均线只是一种参考，应在短期均线发生变化时，及时根据量价的明显形态来选择交易。

（2）在根据均线买入股票时，由于买入股票时是选择趋势由弱转强，

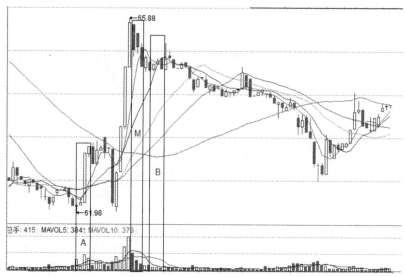

图 4-12　福光股份 5 分钟图

而趋势在由弱转强时必须拥有足够向上的合力，才能完成趋势的反转，所以买入时应以均线多头上涨趋势形成初期的形态来判断。因为短线操盘，买入时必须确保股价的短期强势，才能保证买入后的持股获利。

（3）均线金叉与死叉虽然也是一种短线买入与卖出股票的形态，但由于科创板股票目前均为次新股，所以操作时必须确保短线的强势与弱势，因此金叉与死叉只能是一种买卖股票的参考，关键还在于量价的具体表现强烈时，方可根据金叉与死叉来买卖股票。

4.4.2　交易：均线再多，只看 5 日均线

投资者在利用均线短线操作科创板股票时，尤其在以日线结合分时图的操作中，应主要观察 5 日均线与股价的情况，因为科创板的投资，目前只能是以短线操盘为主，而短线观察，主要在于 K 线与 5 日均线的位置。在炒股软件中，通常是系统默认显示 5 日均线、10 日均线、20 日均线、30 日均线、60 日均线 5 条均线，如果手动设置，还可以调出 120 日均线或 200 日均线，但投资科创板股票时，却只有 5 日均线最为关键。

关注 5 日均线的原因：

（1）投资科创板，是以短线为主，这就意味着只要是买入股票，一般情况下，都要选择那些强势特征明显的股票，而股价强势特征时，通常只有一种形态，就是 K 线沿 5 日均线向上运行。超强状态时，是 K 线在 5 日均线上方沿 5 日均线向上运行。只有这种形态的股票，买入才更安全，短期获利才会大。而卖出股票时，强势状态的股票均是阴线有效跌破 5 日均线。因此，5 日均线与 K 线的位置，是投资科创板时重要的买卖形态和买卖点形成的一种 K 线形态。如图 4-13 所示新光光电（688011）中 A 区域 K 线持续上涨时，是在 5 日均线上方沿 5 日均线向上运行的状态，且阳量持续放大，形成放量上涨的形态，应短线及时买入。其后高位区的 B 区域，K 线出现了一根长阴线下跌，量能也明显阴量放大，形成放量下跌，虽然股价盘中未有效跌破（收盘）5 日均线，但如果观察图 4-14，也就是图 4-13 中 B 区域内的长阴线当天的分时图就会发现，A 区域股价在昨日收盘线附近开盘，其后始终处于在昨日收盘线下方的震荡状态，为弱势表现，且尾盘 B 区域出现了一波区间放量的大幅

图 4-13　新光光电日线图

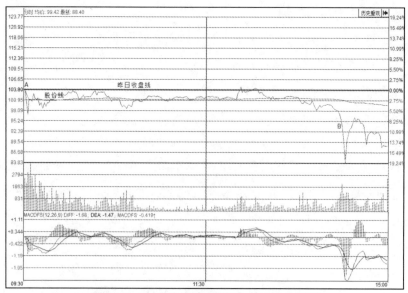

图 4-14　新光光电 2019 年 8 月 6 日分时图

跳水，就已说明形成了明显的放量下跌，所以收盘前应果断卖出股票。

（2）目前而言，科创板上市的股票均为次新股，尤其是新上市的股票，日线图往往不会显示出其他均线，只显示出短期的 5 日均线，所以以日线为主的操作，应主要注重 K 线和 5 日均线的关系，来确定买卖形态和买卖点。如图 4-13 所示 B 区域之前的情况，以及 A 区域量价买点的时候，K 线图上仅仅显示出了一根 5 日均线。

MA 短线操盘策略：

（1）在利用均线短线操作科创板股票时，如果投资者习惯于根据日线和分时图来操作的话，则应主要关注量价关系，以此来作为判断股票买卖点的依据，同时若是新上市不久的股票时，则应只看 K 线与 5 日均线的关系，来辅助量价判断买卖点。

（2）如果投资者习惯于观察短周期图，如 5 分钟图、15 分钟图、30 分钟图和 60 分钟图时，则应以均线多头上涨排列初期时的放量上涨为买入条件，以 5 日均线大角度下行时的放量下跌为卖出条件。

（3）在根据 MA 判断股价买卖点时，无须再增加其他周期均线，只使用系统默认状态下的 5 日均线、10 日均线、20 日均线、30 日均线、60 日均线 5 条均线即可，因短线操盘时，这 5 条均线已经足够判断趋势。

第 5 章 量价关系：价因量而动，量因价而变

量价关系是短线操盘中最重要的一个指标因素，在投资科创板股票时，无论根据哪一指标判断出的买入或卖出形态，最终都要通过量价关系来确定买卖点。同时，量价关系又能成为单独的短线操盘中决定买卖股票的一个指标。因此，投资者必须了解量价关系的内容。

5.1 成交量：量变价才会动

5.1.1 构成：阴阳变幻，长短不一

成交量是市场供需关系的直接体现，因买入量大于卖出量时，必然会造成股价的上涨；买入量低于卖出量时，则必然会引发股价下跌。因此，在量价判断行情时，量指的就是成交量，在观察成交量时，一定要先明确成交量的显示方式和其代表的意义。

成交量的表现形式及其意义：

（1）阳量。在 K 线下方的成交量显示区域，红色的量柱就是阳量，阳量代表着盘中买入量大于卖出量，所以阳量往往意味着股价的上涨。通常，较长的阳量柱意味着成交量较大，股价上涨的意味更浓；短小的

阳量柱则说明成交量少，则买入总量必然少，通常说明股价上涨的意愿不够强烈。如图 5-1 所示光峰科技（688007）中 A 区域的红色量柱为较长的阳量，说明股价上涨意愿强烈；C 区域为短小的阳量，说明股价上涨意愿不够强烈。

图 5-1　光峰科技日线图

（2）阴量。绿色的量柱就是阴量，阴量代表盘中卖出量大于买入量，所以阴量通常意味着股价的下跌。通常，较长的阴量柱意味着成交量较大，股价下跌的意味更浓，短小的阴量柱则说明成交量少，通常说明股价下跌的意愿不够强烈。如图 5-1 所示 B 区域为较长的阴量，说明下跌意愿强烈；D 区域为短小的阴量，说明股价下跌的意愿不够强烈。

（3）分时量。在所有周期图上，分时图上位于股价线下方的细小柱线即是分时量，在同花顺上，分时阳量为黄色的柱线，代表的是买入的成交量；分时阴量为绿色的柱线，代表卖出的成交量；蓝色的柱线为平量，即股价无涨跌时即时成交的量。柱线越长，则量能越大；柱线越短时，量能越小。如图 5-2 所示光峰科技（688007）在 2019 年 9 月 20 日分时图上的情况，A 区域的黄色竖线为买入的分时阳量，B 区域的绿色竖线为卖出的分时阴量，C 区域蓝色竖线为股价无涨跌时成交的平量。

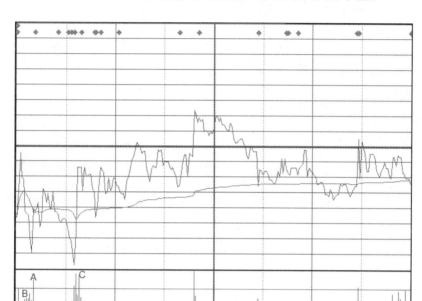

图 5-2　光峰科技 2019 年 9 月 20 日分时图

成交量看盘注意事项：

（1）观察日线图上的成交量时，阴量和阳量只要看颜色即可分辨出来，但一定要记住，这些阳量柱或阴量柱，并不是指纯粹买入的量就是阳量柱，纯粹卖出的量就是阴量，阳量是指买入大于卖出时显示为红色，阴量是卖出大于买入时显示为绿色。

（2）分时图上的成交量或是其他短周期图上的成交量时，如 1 分钟图，其中的每一根量柱，阳量与阴量所代表的意义是一样的，因为量有买有卖才能成交。

（3）如果投资者观察的是以大智慧为代表的分时图时，是没有阴量、阳量、平量之分的，只要根据股价趋势方向，结合量柱长短，判断上涨或下跌时的量能大小即可判断量价关系和具体走势。

5.1.2 表现：量能持续，尽显买卖动能

在买卖股票时，只有成交量得以持续时，才说明这种股价趋势能够持续，因为一旦成交量无法持续之前的量能时，则表明趋势已不支持之前的股价走势，所以在判断买卖点时，量能持续，是决定股价是否转势时的重要特征。

量能持续的表现形态：

（1）阳量持续。指阳量以接近的数量持续出现，在股价由跌转涨时，只有阳量持续出现时，才能确认股价的持续上涨，所以阳量持续的股价上涨状态为量价齐升的买入形态。如图 5-3 所示新光光电（688011）中A 区域，连续出现数根长短相近的阳线，为阳量持续状态，说明股价会持续上涨。

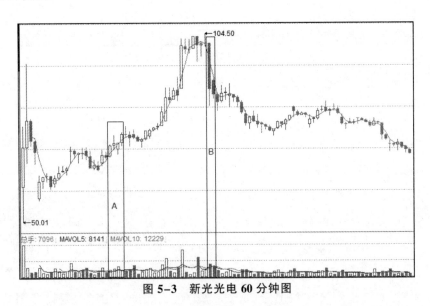

图 5-3　新光光电 60 分钟图

（2）阴量持续。指阴量以接近的数量持续出现，在股价由涨转跌时，只有阴量持续出现时，才能确认股价的持续下跌，所以阴量持续的股价下跌状态为量价齐跌的卖出形态。如图 5-3 所示 B 区域，两根阴量柱长

短相近，说明股价会持续下跌状态。

注意事项：

（1）量能持续的表现中，量的颜色必须是相同的，即阳量时均为阳量，阴量时均为阴量，这种形态才能以量能持续来对待。

（2）在量能持续中，如果中间出现一根不同颜色的量时，则说明中间出现了相反的情况，这时应根据这根量能柱的长短来判断。通常情况下，如果这根量柱较短时，即呈阴量状态时，是可以忽略的；但如果这根量柱较长时，或是明显格外长时，则不能再以量能持续来对待，因为行情有可能出现相反的变数。

（3）在量能持续中，如果量柱在持续变长时，说明股价趋势会沿着最初的方向运行，如放量上涨时，上涨会持续；放量下跌时，下跌会持续。

（4）在量能持续中，如果量柱在不断缩减，为持续缩量的表现，这种情况是与趋势有关的，如上涨趋势中，一旦出现持续阴量柱缩短时，表明短线调整即将结束；下跌趋势的反弹中，一旦出现持续阳量中的缩量时，往往是反弹即将结束的征兆。

5.1.3 异动：量突变，趋势必然反向运行

异动是指成交量颜色的突然变化，以及量能大小的突然变化。因为量总是在股价发生变化前先行一步，所以量柱颜色的突然变化，以及量柱长短的突然变化，必然会引发股价出现突然的变脸。因此，成交量的突然异动，往往是股价风云变幻时的买卖股票时机。

成交量异动的表现：

（1）阳量突然格外放大。指当股价在弱势运行中，一旦出现阳量柱后，阳量柱出现了明显的长度要远长于之前的量柱水平时，就形成阳量的格外放大，说明盘中突然出现了较多的买盘，这时必然会引发股价出现明显的快速上涨。但是否构成买点，还要看阳量是否能够持续时，股价方可出现持续反转向上。但如果是上涨过程中出现阳量的突然放大，

多数情况下会是加速赶顶的征兆，应回避。如图 5-4 所示心脉医疗（688016），在 E、C、D 三个相距较近的低位区，接连出现了多次阳量突然格外放大，说明资金持续快速流入，因此是趋势转强的征兆。而在 A 段的上涨中，B 区域的高位区同样出现了阳量格外放大，则说明资金在快速赶顶，反而要谨慎，一旦后续股价无法再上涨时应果断卖出股票。

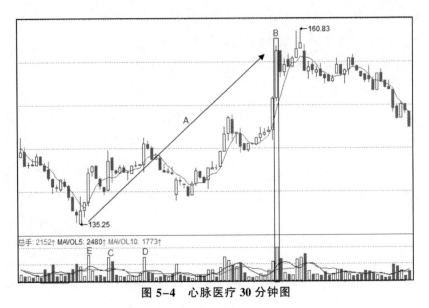

图 5-4　心脉医疗 30 分钟图

（2）阴量突然格外放大。指在上涨趋势中，一旦出现一根阴量柱时，阴量柱的长度明显要高于之前的阳量柱时，就形成了阴量突然格外放大，说明盘中的卖盘突然增加了很多，这时就必然会引发股价的快速回落。如图 5-5 所示铂力特（688333）在经过了 A 段上涨后，进入 A 区域，成交阴量柱明显比之前的量柱长很多，形成了阴量格外放大，说明股价进入加速下跌的状态，应卖出回避这类股票。

（3）阳量突然大幅缩减。指在阳量上涨过程中，如果阳量突然出现了大幅缩减，量柱明显变短，则说明买盘的动能突然出现了不足，上涨动能大幅减弱。但由于此时主力资金的控盘能力依然很强，无须太多筹码即可推动股价上涨，只要其后形成了再度放量上涨时，则无须顾虑。但这种缩量上涨往往意味着已进入涨势末端，持股者应引起注意，一旦股价在放量状态下形成高位震荡或无力再上涨时，就要及时卖出股票了。

如图5-6所示微芯生物（688321）在B区域的弱势反弹中，其后的A区

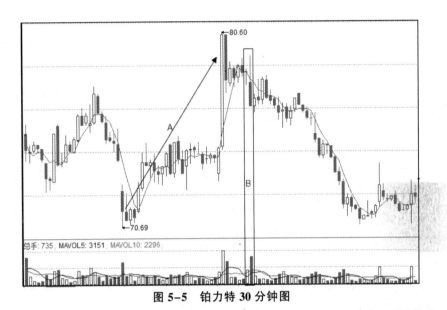

图5-5 铂力特30分钟图

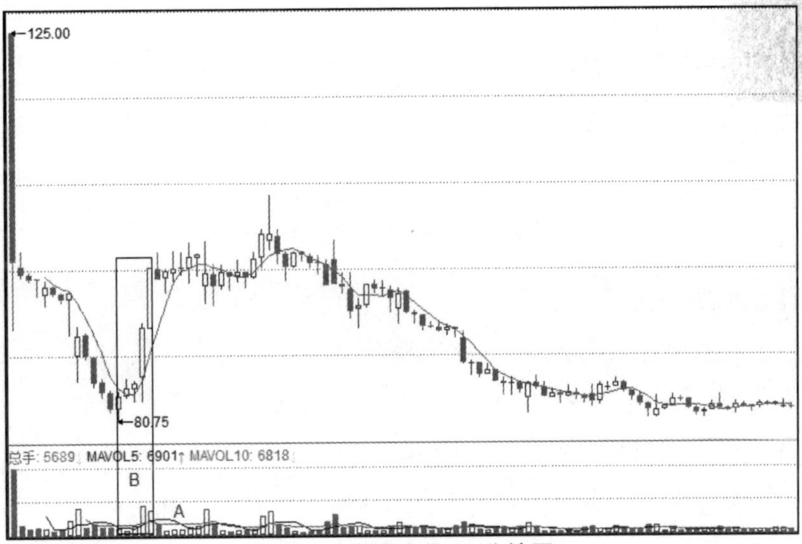

图5-6 微芯生物30分钟图

域，股价震荡中阳量出现了明显的极度缩减，说明反弹即将结束，如是抢反弹操作的朋友，就应及时卖出股票了。

（4）阴量突然大幅缩减。这种情况大多出现在下跌趋势中，往往是股价进入阴跌的征兆，所以是不能操作的。但如果是出现在上涨趋势中的调整行情时，一旦阳量转为放大阴量后出现了阴量的大幅缩减，则往往说明调整即将结束，恢复阳量上涨时为上涨中继时的买入时机。如图 5-7 所示西部超导（688122）在 B 段上涨趋势中，进入 A 区域，出现阴量回调，并出现了阴量的持续大幅缩减，说明调整即将结束，其后的止跌回升时，方可买入股票。

图 5-7 西部超导 15 分钟图

注意事项：

（1）在股价运行趋势中，成交量的异动行为，是指成交量柱长短的突然变化，例如，量柱短时突然变长，因为量总是在价格变动前先行，所以量异动时，则意味着价格也会出现相应的变化。

（2）在通常情况下，阴量的突然放大异动，往往意味着股价其后会出现快速下跌，但如果是在弱势中出现时，经常是股价快速赶底的征兆，并不能排除其后股价继续走弱震荡的可能，所以低位区的阴量格外放大时，要根据其后的趋势来判断是否买入股票，反而是高位区的阴量格外放大出现时，应果断卖出股票。

（3）阳量突然放大时，往往意味着其后会转涨，但阳量必须能够持续，否则只是主力资金在震荡洗盘。高位区出现的阳量格外放大时，是赶顶的征兆，但股价往往不会即刻下跌，所以是上涨末端涨势即将中止的征兆，一旦股价下跌时，应及时卖出股票。

5.2　股价：趋势就是股价运行的方向

5.2.1　构成：阳线与阴线，上涨或下跌

在量价关系中，价就是指 K 线，但 K 线的表现颜色却是不同的，不同颜色的 K 线又代表着股价的上涨或下跌，在根据量价判断趋势时，首先要明白 K 线的种类和所代表的不同意义。

K 线种类及其意义：

（1）阳线。指 K 线图上位于成交量上方 K 线图区域那些红色的 K 线。K 线收于红色阳线时，说明收盘价高于开盘价，代表着上涨。如图 5-8 所示华兴源创（688001）B 区域即是阳线，代表着股价的上涨。

（2）阴线。指 K 线图上位于成交量上方 K 线图区域那些绿色的 K 线。K 线收于绿色阴线时，说明收盘价低于开盘价，代表着下跌。如图 5-8 所示 A 区域的 K 线即为阴线，代表着股价的下跌。

K 线的组成：

仅仅明白阳线与阴线，对 K 线的认识仍然是不够的，必须明白一根 K 线的组成部分和其所代表的意义，才能真正看懂 K 线。

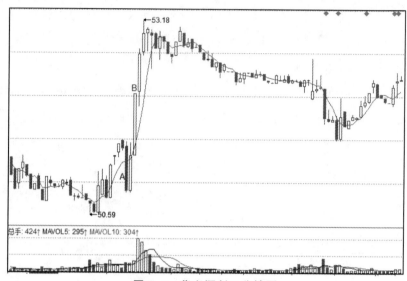

图 5-8　华兴源创 5 分钟图

K线包括实体、影线两个部分。影线分上影线与下影线：位于实体上方的为上影线，代表着股价的冲高回落；位于实体下方的为下影线，代表着股价的探底回升。

一根 K 线可以同时具有上影线和下影线，也可以部分存在，或是只有实体而无影线、只有影线而实体也为一根线：只有上影线时为光脚 K线，阳线时为光脚阳线，阴线时为光脚阴线；只有下影线时为光头 K 线，阳线时为光头阳线，阴线时为光头阴线；没有影线，只有实体时，为光头光脚 K 线，阳线时为光头光脚阳线，阴线时为光头光脚阴线；甚至是可以只有影线，实体为一根细横线，为十字星，阳线时为阳十字星，阴线时为阴十字星。如图 5-9 所示福光股份（688010）中 A 区域为光头光脚阳线；B 区域为光头光脚阴线；C 区域为只有上影线的光脚阳线；D 区域为只有下影线的光头阴线；E 区域为阳十字星；F 区域为阴十字星；G区域为同时具有实体和上、下影线的两根阴线和阳线。

另外，需要明白的是，一根 K 线形成后，则会清楚地显示出这一时间周期内的开盘价、收盘价、最高价、最低价。实体部分的最上端和最

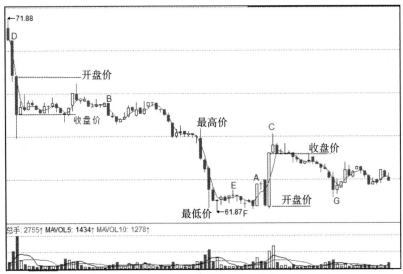

图 5-9　福光股份 15 分钟图

下端分别为开盘价与收盘价，无上下影线的阴线时，实体上端为最高价，实体下端为最低价；阳线时，实体上端为收盘价，也是最高价，实体最下端是开盘价，也是最低价；阴线时，开盘价为最高价，收盘价为最低价。如果有影线时，上影线最高端为最高价，下影线最低端为最低价。

观察 K 线时的注意事项：

（1）观察 K 线时，K 线的阴线与阳线很好辨认，最容易出错的地方是根据 K 线判断开盘价与收盘价，也就是实体部分的两端，因为在阳线与阴线时，开盘价与收盘价的位置刚好是相反的：阳线时收盘价为实体上端，实体下端为开盘价，代表着收盘价高于开盘价，所以是上涨；阴线时刚好反过来，实体上端为开盘价，实体下端为收盘价，代表着收盘价低于开盘价，所以是下跌。

（2）无论阴线或阳线，上影线都代表着股价的冲高回落，越长时，说明冲高回落的幅度越大；下影线代表着股价的探底回升，越长时，则说明探底的幅度越大。

（3）十字星出现时，无论阴十字星还是阳十字星，都代表着盘中股价处于震荡的状态，是收盘价、开盘价在同一水平，甚至是价格接近的情况。因此，十字星越长时，代表着震荡幅度越大。但无论十字星影线的长短，都说明股价是处于震荡整理的状态。

（4）在实战中，下影线较长的K线或十字星，往往股价短线回升的概率要大，在低位或是上涨间隙出现时，代表着股价即将回升；上影线较长的K线或十字星，如果出现在高位区时，若是伴有大量出现时，无论阳量还是阴量，都要小心，以卖出股票落袋为安为主。

（5）无影线实体较长的光头阳线或光头光脚阳线的出现，即使不是涨停阳线，当日也是以最高价收盘的，这类K线出现时，后市往往继续上涨的概率要大，尤其是上涨趋势成立初期，或是上涨主升浪的加速上涨期，是买入股票的良机，但必须结合成交量的情况来确定。

5.2.2　表现：K线有方向，股价有涨跌

从K线自身来看，每一根K线位于实体上方的部分，都是价格最高的部分，如果连续出现阳线时，或是K线整体上是处于向上时，就意味着股价处于上涨状态，相反就会处于下跌状态，但若是平行时甚至是上下相近时，则意味着震荡行情。因此说，观察K线最大的意义，在于看清股价的上涨、下跌或震荡的趋势。

判断K线方向的要求：

由于K线是有方向的，只要通过K线的运行方向判断，很容易观察到股价的趋势，但股价涨跌时有阴线与阳线之分，判断股价运行方式时，尤其是判断强势股的上涨趋势时意义更大，必须遵守以下两点内容：

（1）无论是阳线上涨中出现阴线，还是阴线下跌时出现阳线，应观察股价的整体趋势为主。阳线上涨时出现的阴线或十字星，整体趋势必须是向上的，就是阴线的重心在上移，重心高于前一根阳线的重心。观察K线重心时，以收盘价为准。但大量阴线出现在高位区时，应谨慎趋势的突然反转。如图5-10所示中微公司（688012）中A区域，持续阴线下

跌中出现了三根阳线，但量能变化不明显，所以其后又出现了持续阴线下跌。而 B 区域，股价持续阳线上涨中，出现一根阴线，量能同样不明显，所以未改变上涨的走势。

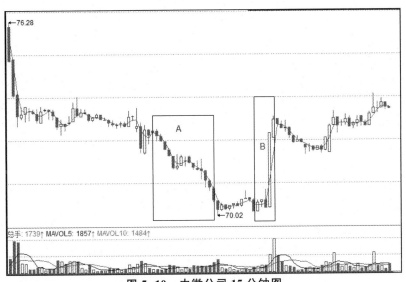

图 5-10　中微公司 15 分钟图

（2）操作强势股时阳线出现的阴线，除非阴量巨大，否则只要阴线收盘在 5 日均线上方时，即可证明强势。相反，股价上行趋势就弱，不宜操作。如图 5-11 所示中微公司的日线图上，A 区域在接连两根阳线上涨后，A 区域依然保持阳线上涨，其后站在 5 日均线上方向上运行，未跌破 5 日均线，表明短线强势，适宜短线买入。

注意事项：

（1）K 线是股价走势的直接体现，能够准确表现出股价的走势，但只有持续出现时，才能成为短期趋势，如持续阴线代表着下跌趋势，持续阳线代表着上涨趋势。

（2）持续阴线只是用来判断趋势下跌的弱势观察，不具有买卖参考价值，持续阳线的上涨趋势判断才是实战中最重要的形态。如果中间出现阴线时，只要阴线时阴量不大，且股价不高时，如趋势是向上的，则无

图 5-11 中微公司日线图

须顾虑。

（3）如果是持续阳线上涨中，阴线的出现是在高位区时，除了要观察成交量是否阴量异动外，还要结合整体来判断趋势是否出现了快速反转。如果是强势股时，只要阴线时阴量不大，且K线未有效跌破5日均线，即收盘在5日均线之上时，即可介入。这一方法，不仅适用于科创板股票，同样也适用于其他股票，尤其是上市开板后的次新股。

5.3 量价关系：判断股价短期涨跌的关键

5.3.1 方向：量价方向，揭秘股价趋势

量价方向就是指成交量运行的方向与股价运行的方向，在判断股价趋势和买卖点时有重要的意义。

由于量价有同向或逆向的区别，所以研究量价方向时，同样有着两种明显的主要关系：量价同向与量价逆向。

量价同向的买入形态：

（1）量价同向形成买点时，就是量价齐升，具体到量价的表现上，为股价持续阳线上涨，成交量阳量温和持续或持续放大，也叫作放量上涨。如图 5-12 所示瀚川智能（688022）在 B 区域股价持续阳线上涨，成交量也表现为阳量的持续明显的量柱变长，形成了量价同向向上的买入形态，可短线及时买入股票。而 A 区域虽然股价持续上涨，但成交量却没有出现明显放大，不构成量价同向时的买入形态。

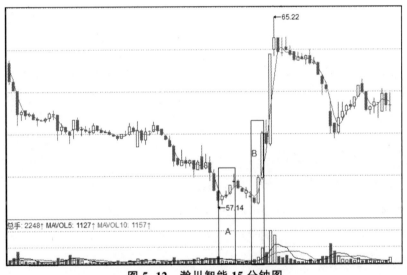

图 5-12　瀚川智能 15 分钟图

（2）阴量量价同向时也能构成买入形态，但必须确保股价处于上涨趋势中的回调整理阶段，一旦阴量放大形成短时下跌时，阴量呈明显的持续缩减的状态，就意味着股价的调整即将结束。但此时的买点，不是在量价同向下跌时，而是在转为阳量和阳线同向上涨时。这种量价同向属于上涨中继即将形成买点的形态。如图 5-13 所示南微医学（688029）中在 A 段上涨趋势中，进入 B 区域出现阴量阴线的调整，但随后阴量出现大举缩减，形成股价下行、成交量下行的量价同向，意味着股价即将止跌，但买入时应选择在 M 区域出现阳量增加、股价上涨的量价同向向上时再买入。

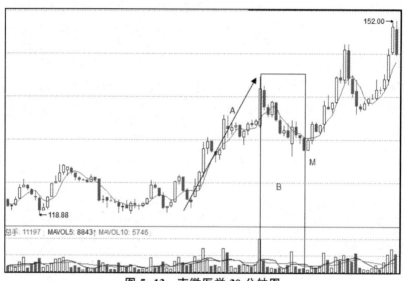

图 5-13　南微医学 30 分钟图

量价逆向的卖出形态：

量价逆向就是股价与成交量运行的方向正好相反，构成卖点时，往往表现为股价在上涨高位区的放量下跌，也就是股价向下运行、成交量阴量放大的形态。这是一种典型的股价快速转跌的形态，一经形成即应卖出股票。如图 5-14 所示天宜上佳 (688033) 在经过之前的持续上涨后，在高位区进入 A 区域时，股价持续阴线下跌，成交量却出现阴量逐渐放大，形成了明显的量价同向向下的卖出形态，应果断卖出股票。

注意事项：

（1）当量价同向时，只有阳量放大、股价上涨的放量上涨才是最佳的买入形态，如果是上涨趋势调整行情中的阴量缩减、股价下跌，不能直接买入股票，必须恢复到放量上涨时，方可买入股票。

（2）如果是弱势反转向上时出现的量价同向，往往阳量柱必须出现明

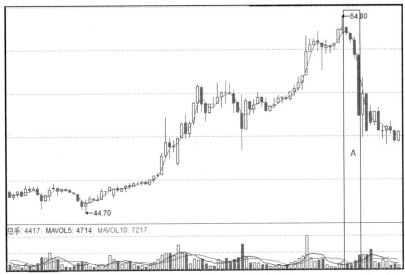

图 5-14　天宜上佳 15 分钟图

显的放大时，股价止跌回升的概率才高，这种放量上涨的形态至少要出现连续三根 K 线时，才更为可信。持续放量中，阳量并不一定要持续放大，但通常会高于之前下跌时的量能水平。

（3）量价逆向时，只有股价在高位区出现成交量阴量放大、股价阴线下跌时才具有实战意义，是股价趋势转下跌时经常出现的卖出形态。有时候，这种放量下跌可能仅仅表现为一根极长放大状态的阴量柱，K 线只表现为上影线极长实体较短的阴线，或是一根中阴以上的阴线，同样应果断卖出股票。这时就不要再观望这种状态是否能够持续了。

5.3.2　预期：量价持续，股价方向可期

通过量价关系买卖股票时，往往单根 K 线或单根成交量柱是难以判断趋势是否可持续运行，我们在按照量价关系判断买卖点时，通常至少要形成量价的持续，这样未来趋势沿着量价的方向继续运行的概率才会高，买入后才不会转跌，卖出时才会继续上涨。量价是否能够持续，是决定是否买入或卖出股票时最关键的要点。

量价持续的买卖点形态：

（1）持续量价齐升的买点。指股价在弱势运行时，一旦出现了阳线与阳量的量价齐升时，不能只是单根阳线与单根阳量柱，尤其是在趋势由弱快速转强时，必须确保至少有三根阳线和阳量柱的量价齐升时，方可作为买入股票的依据。如图 5-15 所示航天宏图（688033）在 A 区域由弱转强时，持续出现了三根阳线上涨和阳量柱放大，即可确认强势成立，果断买入股票。

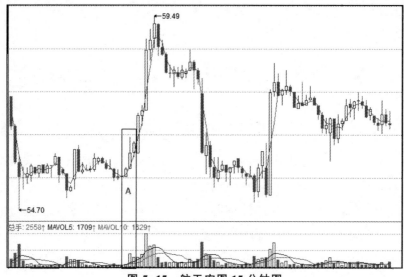

图 5-15　航天宏图 15 分钟图

（2）持续量价齐跌的卖点。指股价在运行到高位区时，一旦出现阴线与阴量的量价齐跌时，不能只是单根阴线与单根阴量柱，必须至少有 2~3 根阴线和 2~3 根阴量柱的量价齐跌时，方可作为卖出股票的依据。如果观察的是长周期图，如日线，一旦阴量格外放大地出现了一根长阴线或上影线极长的阴线，同时这一根阴量柱格外长时，就应果断卖出股票。如图 5-16 所示西部超导（688122）中上涨高位区的 A 区域，持续出现了接连两根有着较长上影线的中阴线，成交量明显呈阴量、逐渐放大的持续量价齐跌，这时就应果断卖出股票。

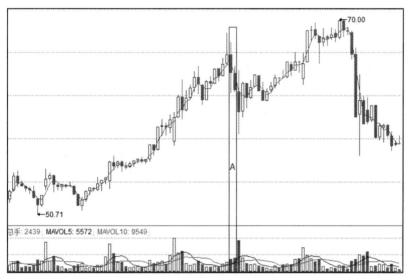

图 5-16 西部超导 15 分钟图

注意事项：

（1）在根据量价持续来判断买卖点时，应注意一个重要的内容，就是趋势转上涨时必须有分别三根阳线与阳量柱的放量上涨时，方可确定趋势转为上涨方向，才可买入股票。

（2）在趋势转跌时，如果是短期 K 线图时，必须至少有分别两根阴线和阴量的持续量价齐跌时，方可卖出股票。如果跌势不明显时，需要三根为确认，若是依然不明显时，仍然需要持续观察方可卖出股票。

（3）如果是在根据量价齐跌判断卖点时，周期图为日线以上的长周期图时，甚至是短周期的 30 分钟或 60 分钟图时，只要是有一根巨大的阴量形成的阴线下跌，就可确认趋势的突然转弱，果断卖出股票。

5.4　买卖时机：量价形态是判断趋势反转的关键

5.4.1　买入时机：放量上涨是趋势向上反转的时机

在量价交易时，买入时机是最为关键的，如果把握不准买入时机，就会出现买早了，容易造成买入的失败；若是买晚了，则会无形中增加买入成本，从而造成收益减少的情况。因此，把握买入时机，是买入形态形成时关键的一个环节。

买入时机的判断：

（1）首先必须确保买入形态的成立。前面已经讲过，量价交易的趋势反转买入形态是持续放量至少三根阳线和三根阳量柱的量价齐升，在判断买点时，首先必须满足这一条件。

（2）买入形态成立后，股价呈强势状态时果断买入。这里就涉及一个强势状态的判断，例如，在 30 分钟或 60 分钟图上，只要形成三根阳线阳量上涨的量价齐升时，第四根阳线依然保持这种状态，即可果断买入。如图 5-17 所示嘉元科技（688388）B 区域出现了三根阳量持续变长、K 线三根阳线持续上行的量价齐升，则 C 区域依然为上涨阳线时，即可果断买入股票。而之前 A 区域虽然也出现了三根阳线的上涨，但三根阳量呈逐渐缩减的情况，这是不符合量价齐升的原则，不应在其后买入。

注意事项：

（1）趋势反转向上时，由于是弱势转强势，必须确保量价齐升状态能维持三根阳线上涨时，成交量为阳量温和放大或持续放大，才能证明短线的强势，第四根阳线时才是买入的最佳时机。

（2）如果在通过量价判断趋势反转的买点时，形成了明显的三根阳量

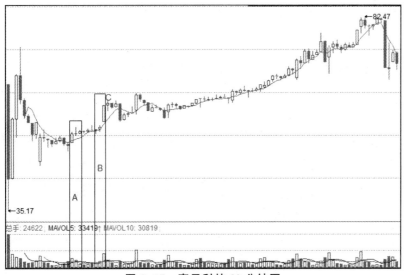

图 5-17 嘉元科技 30 分钟图

阳线的上涨，但量能保持在小量状态，甚至是明显的缩量状态时，往往说明短线的强势特征不明显，或是出现了上涨乏力的现象，这时是不能买入股票的。

（3）如果是通过日线形成量价齐升的趋势反转买入形态时，应在次日观察分时图上的情况，即分时图在上午 10 点时依然保持着红盘的特征时，方可买入。

5.4.2 卖出时机：放量下跌是趋势向上反转的征兆

在量价交易时，卖出时机同样是最为关键的，如果把握不好卖出时机，就会出现卖早了，容易错过其后的继续上涨，造成收益减少；若是卖晚了，则会无形中出现收益减少的情况。因此，把握卖出时机，是量价交易中同样重要的一个环节。

卖出时机的判断：

（1）必须确保卖出形态的成立。量价交易的趋势反转卖出形态是：短周期图上的阴量柱持续至少两根、阴线持续至少两根的量价齐跌；或是长周期图上的大阴量至少持续一根阴线、格外放大状态的阴量柱。在判断卖点时，必须满足这两个条件中的一个，方涉及卖点的判断。

（2）卖出形态成立后，如果是以日线量价判断卖点时，应以日线跌破5日均线后依然放量下跌为卖出股票的时机；如果是以30分钟图等短周期K线图观察时，则应在满足至少两根持续阴量状态的阴线下跌时，方可在第三根阴线出现下跌时卖出股票。如图5-18所示虹软科技（688088）在A区域形成了一根放量大阴线下跌，可在当日盘中跌破5日均线后依然放量下跌时，卖出股票。若是通过30分钟图判断的卖点，那么判断卖点时，同样应如图5-19所示，在A区域出现两根阴线持续放阴量的量价齐跌卖出形态后，于B区域的大幅低开后的放量下跌中果断卖出股票。

图 5-18　虹软科技日线图

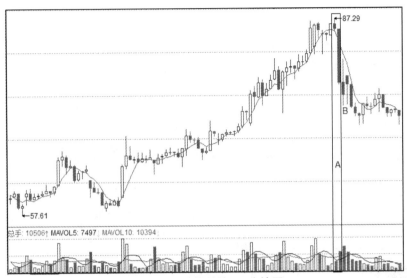

图 5-19　虹软科技 30 分钟图

注意事项：

（1）量价关系的卖出时机，必须是在量价齐跌的卖出形态成立后，方可观察寻找破位卖点。但由于观察的 K 线周期图不同，所以卖出形态成立的要求也不同，应予以区分。

（2）日线上的量价齐跌出现，当日股价跌破 5 日均线后依然呈放量下跌状态时，卖出股票；短周期图上的卖出时机，是量价齐跌成立后的下一根 K 线依然为阴量下跌状态时，为最佳卖出时机。

（3）当量价齐跌形态成立后，不管观察的是哪个周期的 K 线图，必须遵照买入时的 K 线图来观察卖出形态及卖点，例如，日线买入的，应按照日线的卖出形态卖出；30 分钟图买入的，仍然需要根据 30 分钟图的卖出形态来判断卖出时机，不能混用。

5.5 买卖形态：股价有涨跌，量价有表现

5.5.1 缩量后持续放量：买入股票的不二形态

缩量后持续放量，是上涨中一种常见的量价买入形态，是指股价在上涨趋势中，如果出现阴量调整时，一旦阴量出现持续缩减的状态，当缩减到小量状态后，突然出现了持续阳量柱的放大，股价上涨，就形成了明显的买入形态。

形态要点：

（1）缩量后持续放量出现前，股价趋势必须保持明显的上涨趋势。

（2）缩量后持续放量中的"缩量"是指阴量放大下跌过程中的缩量。

（3）持续放量是指阴量缩量后的至少两根阳量放大状态的阳线上涨。

如图 5-20 所示中微公司（688012）中 A 区域走势为一段明显的上涨趋

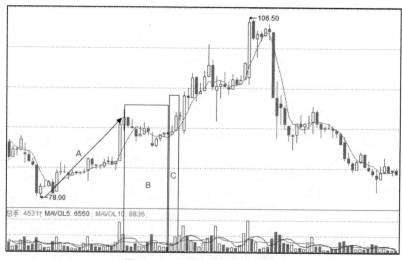

图 5-20 中微公司 30 分钟图

势；B 区域为阴量出现后的下跌调整，后期出现明显的持续缩量；C 区域为明显的阳量放大状态的阳线上涨，符合缩量后持续放量的要求，应果断在 C 区域第二根阳线上涨的当日收盘前，确认形态成立后买入股票。

注意事项：

（1）由于缩量后持续放量是一种上涨中继调整结束时的量价形态，在判断形态时，必须确保之前为明显的上涨趋势，尤其是上涨趋势成立后的首次下跌调整时出现，买入的安全性和获利最为可靠。

（2）在缩量后持续放量形态中，缩量阶段是指上涨调整出现后形成的缩量，缩量时可表现为阴量持续缩量，也可表现为夹杂小阳量的缩量，只要是量能保持缩量状态即可。

（3）缩量后持续放量形态出现时的买点，是缩量后的持续阳量放量中，至少第二根阳线放量明显时，可在当日持续放量上涨中买入股票。但不可在缩量后阳量放大的当日即买入，这样操作时风险比较高，尤其是阳量放大不是十分明显时。

5.5.2　放量上涨：买到就是赚到

放量上涨是股价上涨时一种健康的表现形态，也就是通常讲的量价齐升，放量上涨一旦形成时，往往是买入股票的理想时机。但是在买入股票时，必须确保放量上涨要能够持续，放量上涨的买入，也有具体的要求。

放量上涨的买入要求：

（1）如果是日线以上等长周期图时，放量上涨必须当日出现明显的阳量放大，也就是阳量柱必须明显高于之前调整时期的量能水平，买入时是以次日 10 点到 10 点 30 分必须达到分时图上的股价线一定要高于昨日收盘线和开盘价，如图 5-21 所示交控科技（688015）A 区域右侧的 K 线明显出现了阳量放大、长阳线的放量上涨形态，那么就要观察 B 区域的下一个交易日的分时图情况了。如图 5-22 所示，在当日的分时图上，在

B 区域的上午 10 点至 10 点 30 分，股价线一直保持在 A 区域的开盘价和昨日收盘线上方，符合短线强势要求，可以放心买入股票。

图 5-21　交控科技日线图

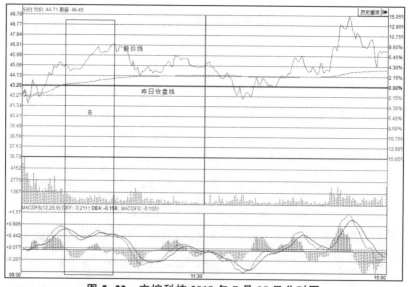

图 5-22　交控科技 2019 年 7 月 25 日分时图

（2）如果观察的是 30 分钟图等短周期图时，放量上涨必须保持三根阳线上涨时的阳量柱持续放大状态时，可在第四根阳线依然保持阳量上涨时，买入股票。如图 5-23 所示方邦股份（688020）中的 A 区域，出现了三根阳线上涨中的阳量持续放大，形成放量上涨的买入形态，B 区域的第四根阳线依然保持这种放量上涨状态时，即是买入的最佳时机。

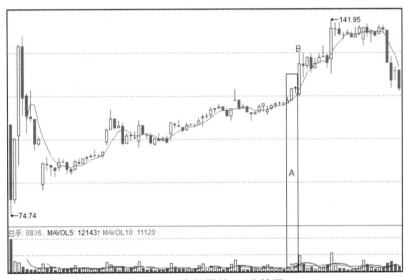

图 5-23　方邦股份 30 分钟图

注意事项：

（1）放量上涨是一种经典的股价上涨时的表现，但不同的 K 线周期图上，形成买入形态的放量上涨情况也不一样，应按照不同周期图上的具体要求来执行买入操作。

（2）日线上的放量上涨形态，可以只通过观察一根 K 线来确定形态，但必须与之前的 K 线和量柱进行比较，实际上也是要有两根 K 线和量柱，进行比较后方可得出放量上涨形态，但买入在下一个交易日起码要到上午 10 点后，也就是股价在稳定状态下要处于昨日与今日的同时强势状态（股价线高于昨日收盘线和开盘价）时，方可买入。

（3）短周期图上的放量上涨形态，必须要有三根 K 线和三根量柱形成放量上涨时，方可在第四根 K 线依然保持这种状态时买入。

（4）如果操作的科创板股票为上市不久的次新股，也就是上市不久出现的探底回升时，往往股价强势时，可在放量上涨的次日，一旦开盘 30 分钟时，股价出现了明显的高开高走时，即可买入。

5.5.3　放量下跌：出现就要卖掉股票

放量下跌是短线操作科创板股票时一种重要的量价形态，是指股价下跌时、成交阴量明显放大的形态，因为股价有着涨慢跌快的特点，主力资金进入一只股票的时间总是长，卖出时为了获利的目的又总是快速卖出，尤其是类似于科创板的小盘股，股价在由上涨转下跌时，均表现得极为迅速，而量价又是最直接反映资金状况的指标，放量下跌是卖出股票的重要形态。

放量下跌卖出形态的具体要求：

（1）如果观察日线图时，只要形成一根 K 线呈上影线较长的阴线或实体较长的中阴以上的阴线时，量能明显放大时，只要股价在放量下跌中跌破了 5 日均线后依然呈明显的阴量放大、股价快速下行的放量下跌时，就应果断卖出股票。如图 5-24 所示天准科技（688003）在 A 区域出现了明显的阴量柱变长、大阴线下跌的放量下跌，有经验的投资者应在当日的分时图，即图 5-25 14：13~14：30 的 A 区域，股价线形成了明显的下跌、分时量出现了区间放量的阴量持续放大时，果断卖出股票；如是初学者，也应在图 5-25 中 B 区域的下一个交易日的弱势状态下果断卖出股票。

（2）如果观察的是 30 分钟等短周期 K 线图时，阴线、阴量放大状态的下跌应至少要保持两根 K 线、两根阴量柱的明显放量下跌，第三根 K 线出现时依然保持着放量下跌时，即应及时卖出股票。如图 5-26 所示天准科技 30 分钟图，A 区域的高位区出现了一根上影线极长的阴十字星，接着又出现了一根阴十字星，且两根阴十字星当时均出现了放大状态的阴量，B 区域的阴线阴量下跌时，即是卖点。有经验的投资者一般会在 A 区域第一根阴十字星时爆出的阴量格外放大时即卖出股票，而无须再等到其后 B 区域的阴量阴线的放量下跌持续时再决定卖出了。

图 5-24　天准科技日线图

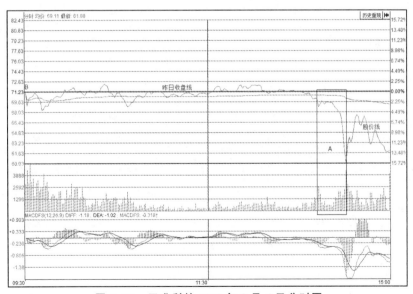

图 5-25　天准科技 2019 年 8 月 6 日分时图

图 5-26 天准科技 30 分钟图

注意事项：

（1）放量下跌不仅会出现在日线、30 分钟图等周期蜡烛图上，在分时图上也同样会存在，只不过一般分时图上炒股软件会提示为"区间放量"，只要是股价下跌状态下，一旦提示"区间放量"时，即为放量下跌形态。

（2）在根据量价判断买卖点时，通常是放量上涨时买入，放量下跌时卖出，投资者在选择放量下跌卖出时，一定要按照当时买入时的 K 线图来判断，而不能如买入时是根据日线、卖出时却根据 15 分钟图再操作。也就是说，买入与卖出的 K 线周期图必须一致。

（3）放量下跌形态不仅适用于科创板股票操作，也适合炒股操作中所有短线的操盘行为，是短线卖出股票的经典量价形态。在具体选择卖出股票时，一定要遵守各种周期图上不同的放量下跌情况来选择卖点。

（4）在放量下跌形态中，判断放量时，是指阴量柱的长度必须超过了之前阳量上涨时的阳量柱长度，而不是在两根阴量柱时，后一根必须要长于前一根。这种情况多有于短周期图上的持续放量下跌形成卖点时的判断。

5.5.4　缩量上涨：趋势转变时提前卖在高位的不二法门

缩量上涨是指股价在上涨过程中，成交阳量出现明显的缩减。由于股价上涨需要买入的量，一旦缩量，就说明买入的量自然少了，说明盘中的买入动能出现了不足，意味着股价的涨势将出现转跌的变化，因此是卖出股票时卖在高位的一种操盘技巧。

缩量上涨的具体要求及卖点判断：

（1）缩量上涨形成卖点时，必须之前股价有过一小段快速上涨行情，在高位区出现了股价上涨、成交阳量缩减时，方可确认涨势即将结束。

（2）判断缩量上涨中的缩量时，量柱一定要有着明显的缩量行为，不能相差不大，只是量柱略短，即断定为缩量。

（3）缩量上涨出现时，并不意味着股价会即刻下跌，只是说明上涨已接近了尾声，缩量上涨的卖点不是形态出现时，而是形态出现后，卖点应选择在一旦股价无法继续上涨并跌破了 5 日均线后，形成量价齐跌时。如图 5-27 所示容百科技（688005）在上涨趋势中，于 A 区域出现了持续的股价上涨、成交阳量柱缩短的情况，形成了缩量上涨，其后股价震荡中未跌破 5 日均线，应在 B 区域股价快速跌破 5 日均线后依然量价齐跌时卖出股票。

注意事项：

（1）缩量上涨只有出现在股价上涨的高位区时，才是即将转跌的征兆，但一般其后仍然可能持续一段时间的上涨，或是形成高位震荡，缩量上涨后股价处于高位震荡时，可及时逢高卖出，若是持续上涨时，应在涨势中止时再卖出。

（2）如果是缩量上涨后股价的下跌不明显时，应选择在股价跌破 5 日均线后依然呈量价齐跌时，再卖出股票。

（3）在判断缩量上涨的缩量时，必须是阳量柱明显要短于之前的量柱

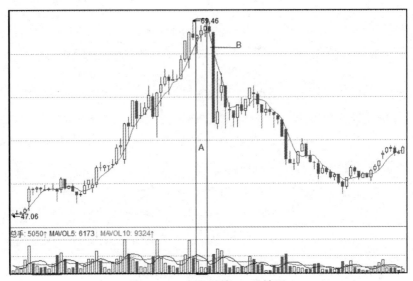

图 5-27 容百科技 30 分钟图

时，方可确认为缩量。如果是量柱长短相近时，尤其是小量状态下的量柱相近，则不能确定为缩量上涨。

第6章 买入形态：买入有依据，盈利有保障

买入形态是所有投资者都十分关心的一个重要问题，如果不会买股，自然就谈不到后期的获利。只有掌握了各种技术指标的买入形态后，才能真正判断出买点，最终买在股价上涨初期，为接下来的盈利奠定一个坚实的基础。

6.1 K线：趋势向上是永远不变的买入形态

6.1.1 金针探底，阳量放大是探底成功的标志

金针探底是股价探底回升时一种K线形态，是指K线在下跌过程中，出现了一根下影线较长的情况时，往往就意味着股价的快速探底成功，并出现了快速回升。金针探底是一种K线的抄底买入形态。

金针探底的具体形态要求及买点判断：

（1）金针探底通常出现在明显的下跌趋势末端，如金针探底的K线创出了近期的新低时更为理想。

（2）金针探底出现时，K线上可以表现为阴线、阳线或十字星，但必须具有较长的下影线。

（3）判断买点时，不是在金针探底的当时，而是在其后，必须在金针探底后，股价出现了明显的放量上涨时方可买入。如图6-1所示澜起科技（688008）在经过了C段的下跌后，于低位A区域，出现了一根下影线较长的阳线，形成金针探底，B区域明显的放量上涨时，即是买入股票的时机。

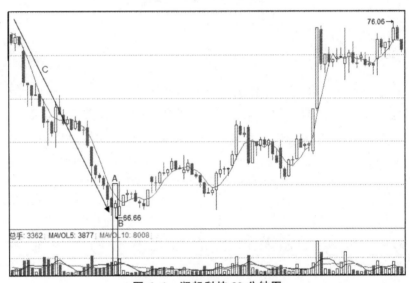

图6-1　澜起科技30分钟图

注意事项：

（1）在判断金针探底为底部买入形态时，必须确保之前处于起码短线的下跌，金针探底的K线通常会有较长的下影线，如果是阴线时，下影线越长越理想，创出近期新低时更好。

（2）金针探底出现时，并不一定只有一根下影线长的K线，也可以是两根甚至多根，两根时为双针探底，多根时为多针探底。因是弱势转强的征兆，所以探底时的K线越多时，越能表明底部的扎实、可信。

（3）金针探底形成后，买入股票时一定要在其后出现明显和放量上涨时。如果未出现时，就应放弃。

（4）因金针探底属于一种抄底行为，所以股价在大跌后买入时，一定要控制好仓位，反而是上涨趋势调整行情中出现时，形态更为可信。

6.1.2 旭日东升：有量才意味着趋势的反转

旭日东升是K线的一种底部反转形态，是由两根K线组成的一种K线底部反转向上的买入形态，前一根为下跌阴线，后一根为高开高走的上升阳线，两根K线实体相当，后一根阳线保持在前一根阴线实体的上方。由于形状像一轮旭日从地平线上升起，所以叫作旭日东升。

形态要点及买点要求：

（1）旭日东升形态中的两根K线为前阴线后阳线的状态，后一根阳线为高开高走高收，收在前一根阴线实体之上的位置。

（2）旭日东升出现前，必须有过一段明显的下跌走势，旭日东升中的阴线最好能够创出近期新低。

（3）旭日东升形态中，后一根阳线的阳量柱至少要与前一根阴线的阴量柱高度相等，原则上是高前一根阴量柱时最理想。

（4）买点判断上，是形态成立后的下一根K线，依然呈明显的放量上涨时。如图6-2所示天宜上佳（688033）在下跌中，进入A区域时，先是出现了一根阴线创出新低，其后出现一根小幅高开并持续高走高收的阳线，收在第一根阴线实体之上，形成了旭日东升形态，B区域形成了一根上升阳线，应及时买入股票。

注意事项：

（1）判断旭日东升形态时，之前的下跌走势很重要，起码必须有一段短期下跌的过程，因这种形态属于弱势抢强势反转的K线形态，必须控制好仓位。

（2）在旭日东升形态中，前面一阴一阳两根K线必须实体相当，不能相差太大，否则就不能以这种形态来判断买点，因相差太大时，容易失误。这就意味着越是标准的旭日东升形态，其后趋势快速反转的成功率越高。

图 6-2　天宜上佳 15 分钟图

（3）判断旭日东升的强弱时，一个标准是第二根阳线的实体一定要高于第一根阴线实体，如能将阴线的上影线全部包住，也就是阳线实体越高时，越可信；另一个标准是阳线对应的阳量柱实体，与阴线时的阴量相比，量柱越高时，未来反转向上的概率越大。

（4）越是经过长期下跌后出现的旭日东升形态，买入时越是要保证其后的上升 K 线的放量程度，越明显时越可靠；越是小量时，或是上升不明显时，应持续观察再决定是否买入。

6.1.3　曙光初现：黑暗结束时的光明写照

曙光初现也是由两根 K 线组成的 K 线底部买入形态，是指前一根为实体较长的下跌阴线，后一根为继续低开后快速回升的阳线，两根 K 线实体旗鼓相当，后一根 K 线向上深入前一根阴线实体至少一半以上的位置。就像是一轮太阳即将露出水平线之前向上溢出了万丈曙光一样，叫曙光初现，预示着太阳即将升起，因此是一种底部快速回升时的买入形态。

形态要点及买点判断：

（1）曙光初现时，必须之前有过一段明显的下跌状态。

（2）曙光初现与旭日东升的不同之处在于，曙光初现中后一根阳线要在阴线之下，创出近期新低时更理想。

（3）在曙光初现形态中，后一根阳线实体必须回升到上一根阳线实体至少一半以上时，方可确认形态。

（4）判断买点时，是在形态成立后的下一根 K 线中，呈现明显的放量上涨的上涨阳线时，阳线上升的力度越大时越可靠。如图 6-3 所示西部超导（688122）在下跌过程中，进入 B 区域，先是出现了一根下跌阴线，其后又出现了一根还要走低但回升的阳线，并创出近期新低，阳线实体向上回升到了阴线实体的绝大部分，远在一半以上，形成了曙光初现形态，其后却出现了一根阴线，应在 B 区域形成放量上升阳线时买入股票。

图 6-3　西部超导 15 分钟图

注意事项：

（1）曙光初现前，必须有过起码一小段的下跌趋势，在曙光初现形态中的第二根阳线的低点，一定要低于第一根阴线，阳线收盘必须不少于阴线实体的一半以上时，方可确认形态成立。

（2）曙光初现形成时，原则上是阳线收盘越高，也就是回升到阴线实体一半以上时，越高越理想，同时阳线时的阳量柱越高，回升的概率越高。

（3）曙光初现形成后的买点判断，应在其后出现上升阳线的放量上涨时方可买入，如下一根 K 线未出现，可延后买入，期间不能超过最多 5根 K 线，原则上是间隔的时间越短越理想，也就是下一根 K 线为放量上涨阳线时最理想。

6.1.4　红三兵：量增价长是股价持续上涨的真实意图

红三兵是由三根 K 线组成的 K 线组合形态，是指当 K 线上出现三根实体大小相近，呈后一根实体在前一根实体之上的节节攀升的状态时的一种形态。红三兵是一种股价快速上涨时的征兆，经常出现在股价加速上涨时期。红三兵的出现，就像是三个小兵在向上爬山，所以叫作红三兵，也叫上涨红三兵。

形态要点与买点判断：

（1）红三兵中，三根阳线必须实体相当，形成实体后一根在前一根之上的节节攀高的形状。

（2）在红三兵形态中，成交量只要是阳量柱即可，不能出现持续缩量状态。

（3）判断红三兵的买点时，同样要在其后的最多三根 K 线中形成了明显的放量上涨时，方可买入。如图 6-4 所示南微医学（688029）中 A区域出现了三根实体大小相当的阳线，呈后一根阳线实体在前一根之上的节节攀高的状态，成交量为先放量后缩量的状态，符合红三兵的要求，应在其后 B 区域，股价呈持续的放量上涨时买入股票。

注意事项：

（1）一般情况下，红三兵如果出现在底部回升初期时，成功的概率较低，必须是出现在底部回升中的上涨行情中时，成功率才高。

图 6-4　南微医学 15 分钟图

（2）标准的红三兵是三根阳线节节攀高的状态，但如果是在明显的上涨时期，出现了三根实体相当的阳线时，阳线实体之间互有重叠的部分，阳量也能保持在相当的状态时，可以看作类红三兵，同样是买入的形态。

（3）红三兵形成后，买入股票时应在形态成立后的下一根 K 线，最多不能超过三根 K 线时即可买入，不可间隙 K 线过多。

（4）红三兵如果是出现在相对高位区时，如果为类红三兵形态时，成交量处于较高水平时，应谨慎参与，尤其是在观察过短周期图时，如 5 分钟图。

（5）红三兵如果出现在相对低位区时，若是成交量柱过短时，甚至是形成了缩量状态时，最好不要参与，可能是持续小幅走高的震荡，或是结合其他状况来判断是否形成了买入形态。

6.1.5　尖底：右侧升得越高，反转向上的概率越大

尖底是指当股价在下跌中，突然出现了加速下跌，但很快又出现了快速回升，K 线形态上像一个英文的字母 V 的形状，又名 V 形底。尖底

是股价在快速下跌过程中快速回升的表现，如果是在一轮快速下跌行情中出现时，经常是由弱快速变强的征兆。

尖底要点及买点判断：

（1）尖底出现前，往往有着一轮起码是短期的快速下跌走势。也就是股价处于下跌的弱势状态时，或是上涨调整的末端时。

（2）尖底形成时，先是会出现持续阴线阴量的下跌，很快又会出现阳线阳量的持续回升，并快速回升到了下跌时的位置，时间较短。

（3）尖底出现后判断买点时，应在其后股价出现放量上涨时突破了尖底左侧下跌的起点与右侧回升高点的连线（颈线）时。如图 6-5 所示铂力特（688333）在震荡下跌的过程中，进入 A 区域时，股价突然出现加速下跌，并很快止跌回升，回升到了下跌时的价位，形成尖底。接下来的一根 K 线形成了十字星震荡，应在 B 区域出现明显的快速放量上涨的上升 K 线时，果断买入股票。

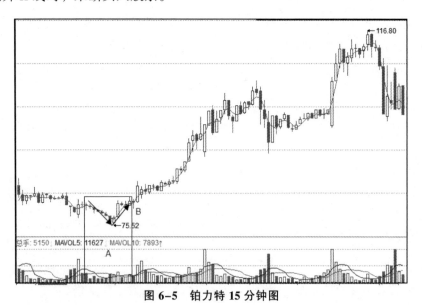

图 6-5　铂力特 15 分钟图

注意事项：

（1）尖底形成时，往往右侧的阳量整体水平要高于左侧的阴量，如果观察的是日线，通常会形成明显的阳量放大状态。

（2）通常情况下，当尖底形成后，会有一次股价回落颈线的情况出现，只要回落时不跌破尖底的低点即出现了回升时，即可确认形态的成立。

（3）由于尖底是股价加速赶底时形成的低点回升，所以大多时候尖底形成后，下一根K线上会表现出明显的持续快速的放量上涨，这种情况一旦出现，就表明短期股价回升的力量较强，应果断重仓出击。

6.2 MACD：双线和红柱是判断强势的两把"利斧"

6.2.1 双线山脚搓手：量能大小是判断上涨强弱的关键

双线山脚搓手是MACD低位起涨时的一种形态，是指MACD双线运行到低位区时，下方DIFF线出现了向上与DEA线交叉时的低位金叉，就像是两只手提了起来在用力搓动，叫作双线山脚搓手。这种形态一旦出现，往往说明股价在运行到低位区时出现了反转向上，是一种买入股票的形态。

形态要求及买点判断：

（1）双线山脚搓手形成时，必须是在MACD指标区域的下方低位区，也就是双线是位于0轴之下，否则形成的金叉就属于高位金叉了。

（2）低位金叉形成后，双线必须形成一种向上发散的形态，同时MACD红柱呈持续变长的状态。

（3）双线山脚搓手形成买点时，成交量是判断买点成立的关键，就是在低位金叉形成时，成交量必须表现为明显的阳量放大状态。如图6-6所示微芯生物（688321），当MACD双线运行到低位区进入A区域时，出现了 DIFF 经由下向上与 DEA 线交叉的低位金叉，双线微微向上分散，红柱出现并略变长，形成了 MACD 双线山脚搓手的形态，B 区域股价的放量上涨，就成为最佳的低点起涨买点。

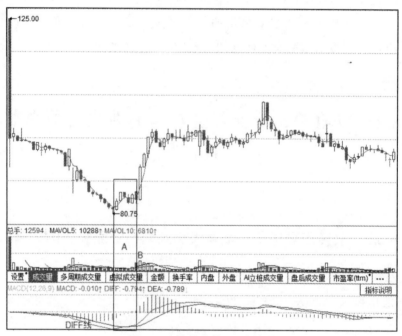

图 6-6　微芯生物 15 分钟图

注意事项：

（1）判断双线山脚搓手时，就是判断 MACD 指标的低位金叉，即双线必须在 0 轴以下的区间低位区，否则就形成了高位金叉。

（2）双线山脚搓手形成后，DIFF 线与 DEA 线之间必须出现双线向上逐渐分散的分离状态，分离的角度越大时，越能表明趋势转强的坚决。

（3）如果在双线山脚搓手形成期间，DIFF 线向上的角度较大时，MACD 红柱也较长时，则越是说明股价向上的动力较强。

（4）双线山脚搓手形成后判断买点时，一定要量价形成了明显的放量上涨时，方可买入股票。如果是量能放大不明显，应持续观察放量上涨是否能够持续，再买入股票。

（5）如果在双线山脚搓手形成期间，MACD与股价趋势相反，形成了背离，此时应谨慎买入股票，只有背离结束时量价依然保持放量上涨时，方可买入。

6.2.2 翘头眺望：DIFF 线抬头越明显，向上趋势越明朗

翘头眺望是 MACD 指标所独有的一种启动上涨的形态，是指 MACD 指标中的双线在平行过程中，DIFF 线突然向上翘起，就像是一个人突然向上抬头眺望的样子，叫作翘头眺望。这种形态一旦出现，说明股价已出现了快速启动，是买入股票的形态。

形态要点及买点判断：

（1）翘头眺望出现前，往往 MACD 双线有过较长时间的双线相距较近状态的平行，是震荡行情突然启动的征兆。

（2）翘头眺望出现时，红柱会出现明显的变长，这表明多方动能突然得到了加强。

（3）判断翘头眺望的买点时，应出现明显的放量上涨时，才是买入股票的最佳时机。如图 6-7 所示乐鑫科技（688018）在经过了 A 区域较长时间的双线相距较近状态的小幅震荡后，进入 B 区域，DIFF 线突然出现了明显向上翘起，红柱持续小幅变长，形成了翘头眺望，C 区域红柱快速变长、DIFF 线继续向上眺望、放量上涨明显时，应果断买入股票。

注意事项：

（1）翘头眺望形态出现时，往往股价之前处于较长时间的震荡，MACD 双线也呈现出相近水平小幅震荡，震荡的时间越长，震荡的幅度越小，启动后上涨幅度越大，短期快速上涨的趋势越明显。

（2）翘头眺望出现时，DIFF 线向上远离 DEA 线的角度越大，说明启动的力度越强，必须确保在 DIFF 线向上翘起时，红柱变得越长，量价齐升越明显时，越能证明股价的快速启动。

图 6-7　乐鑫科技 30 分钟图

（3）如果在翘头眺望形成时，MACD 与股价的运行方向出现相反运行
的背离时，应在股价与 MACD 双线同步向上运行时出现放量上涨时，再
买入股票。

6.3　KDJ：眉毛高挑，趋势转强

6.3.1　三线向上挥手：你不买，股价也往上走

三线向上挥手指 KDJ 指标中的 K 线、D 线和 J 线的运行方向出现了
向上发散运行的情况，就像有三只手在向上挥舞，叫三线向上挥手。实
际上，三线向上挥手就是 KDJ 三线向上发散运行的状态。这往往说明，

股价已出现明显的向上运行，是买入股票时的一种形态。

形态要点及买点判断：

（1）三线向上挥手时，往往 KDJ 三线是位于 50 线附近，刚刚形成 KDJ 金叉，呈现出三线向上发散运行的状态。

（2）三线向上挥手出现时，KDJ 三线的整体运行方向往往是向上的，但向上的角度并不大，即使 J 线出现略向下运行，也不会触及下方的 K 线及更下方的 D 线。

（3）三线向上挥手形成买点时，成交量必须出现明显的阳量放大，或持续温和放大，股价持续上涨或快速上涨时，方是买入股票的时机。如图 6-8 所示中微公司（688012）在 A 区域，KDJ 三线出现了明显的向上发散，位于 50 线下方的附近，形成了三线向上挥手，同时形成了放量上涨形态，因此应果断买入股票。

图 6-8 中微公司 30 分钟图

注意事项：

（1）三线向上挥手出现时，大多数情况下，KDJ 三线是位于 50 线附近，或在 50 线上方附近，或在 50 线略下方附近，通常不会在低位区，也不能在高位区，否则就无法保证股价在其后的涨势空间。

（2）三线向上挥手形成时，多数股价处于一种稳定的持续上涨状态，买入股票后，股价基本上处于一种慢牛的上涨态势，但短期收益依然较大。

（3）三线向上挥手出现时，应在形态成立的初期，也就是 KDJ 金叉形成后出现三线向上发散时出现量价齐升时，选择买入股票，因为如果过晚容易增高成本和持股的风险。

6.3.2 J线向上瞭望：山再高，它也得快步往上走

J线向上瞭望是指 KDJ 指标在低位区运行中，J 线突然出现了大角度的向上运行，与 K 线和 D 线形成了金叉，或是 J 线形成与 K 线和 D 线的金叉后，再形成向上的大角度，就像是一个人忽然抬起一只手向远方招手。这种形态一经出现，即说明股价出现了快速上涨，是股价快速上涨时的买入形态。

形态要点及买点判断：

（1）J线向上瞭望出现时，往往 KDJ 三线已经运行在了指标区域的低位区，股价呈现弱势运行状态。

（2）J线向上瞭望形成时，可以是在 KDJ 金叉前，J 线是以大角度向上与 K 线和 D 线形成的金叉，也可以是 KDJ 金叉形成后，J 线向转为向上大角度运行。

（3）J线向上瞭望形成时，J 线向上的大角度至少要大于 45 度的水平角度。

（4）J线向上瞭望形成买点时，必须出现明显的阳量格外放大或持续放量的放量上涨时，方可买入股票。如图 6-9 所示新光光电（688011）在 A 区域，J 线出现了向上明显 60 度左右的角度向上与 K 线和 D 线形成

金叉，成交量出现持续放量的放量上涨状态，有经验的投资者应在 A 区域末端买入，而并不一定要等到 B 区域明显的放量上涨时再买入。

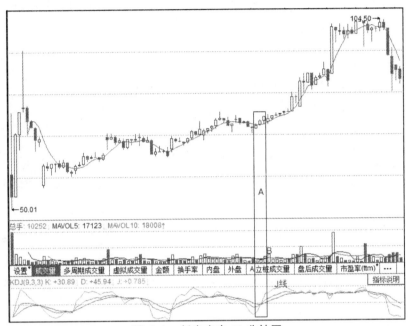

图 6-9 新光光电 30 分钟图

注意事项：

（1）J 线向上眺望出现时，KDJ 指标通常不会出现在指标区域的高位区，如果是在高位区，则 J 线即使形成了大角度，股价其后的涨势依然有限，因为如果 J 值很快达到了 100 以上时，就会形成高位钝化，在超买状态下，极易产生股价快速回落。

（2）J 线向上眺望形成时，不能出现 KDJ 与股价运行方向相反的背离，否则就应在背离结束时，KDJ 与股价同步向上时出现放量上涨时，再买入股票。

（3）J 线向上眺望形成买点时，应在 J 线形成大角度向上运行初期，量价形成明显的放量上涨时果断买入股票。如果放量上涨不明显时，应谨慎买入。

6.4 MA：K 线坐在均线上，牛吟鱼儿跳

6.4.1 金牛爬坡：均线上行，涨势不停

金牛爬坡是指 K 线站在了 5 日均线之上后，沿着 5 日均线向上运行，就像是一头金牛在山腰上，5 日均线就是山，山向上倾斜，金牛在不断向上爬，所以叫金牛爬坡。由于股价沿 5 日均线向上运行，是股价快速上涨时的一种特有形态，金牛爬坡一经出现，即证明股价进入了强势上涨状态，是短线根据均线与 K 线形态买入股票的最佳时机。

形态要点及买点判断：

（1）金牛爬坡出现时，往往股价处于上涨主升浪中，上涨特征明显，这是判断金牛爬坡的首要条件。

（2）金牛爬坡形成时，必须是 K 线位于 5 日均线之上，沿 5 日均线快速向上运行至少有两根 K 线未有效跌破 5 日均线。

（3）金牛爬坡形成后的具体买点，应选择股价在盘中出现短时的回落止跌时，果断买入股票。如图 6-10 所示福光股份（688010），在之前明显的上涨走势中，进入 B 区域，股价跌破 5 日均线后，快速放量回升到 5 日均线上，并接连两根 K 线未有效跌破 5 日均线，形成了金牛爬坡，说明股价进入了快速上涨，应在其后的 B 区域股价放量上涨时果断买入股票。

注意事项：

（1）金牛爬坡形成前，股价趋势往往有过一段明显的震荡上涨的走势，金牛爬坡出现时，股价一举跃上了 5 日均线之上，持续沿 5 日均线向上运行。

（2）判断金牛爬坡形成时，只要有两根 K 线出现突破 5 日均线后未

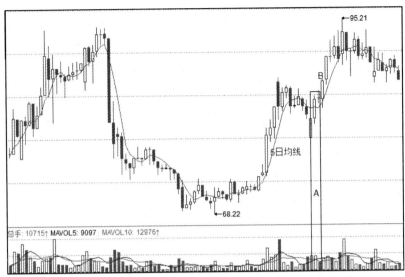

图6-10 福光股份30分钟图

有效跌破5日均线，即可在第三根K线时逢低选择买入股票。

（3）如果投资者操作的不是科创板股票，而是一字涨停板首次开板的次新股时，应确保开板后股价当日必须出现涨停，其后一旦出现股价未有效跌破5日均线并收红时，即可在开盘涨幅达到3%时，果断买入股票。

6.4.2 金鱼出水：双线向上分离，股价鱼跃龙门翻山越岭

金鱼出水是指股价在上涨阶段，一旦出现K线向上突破5日均线后并向上远离下方的5日均线时，股价若是回调时，未出现跌破5日均线，而是在向下与5日均线尚远的位置即止跌回升，即形成了金鱼出水形态。由于这种形态就像一条鱼突然从水底下跳到了水面上，并未落回水中，而是直接身子一跃，跳过了龙门，所以叫金鱼出水。这种形态一经出现，即说明股价开启了快速上涨，应及时买入股票。

形态要点及买点判断：

（1）金鱼出水出现前，往往股价是处于缓慢上涨或是长期横盘小幅震荡的形态。

（2）金鱼出水形成时，K 线可以是由均线下方，向上突破 5 日均线一条均线，也可以是突破多条均线，但回落时不会有效跌破 5 日均线。

（3）金鱼出水出现时，必须形成明显的阳量放大。

（4）金鱼出水形成时的具体买点，是在金鱼出水的下一根 K 线，也就是股价突破 5 日线后的下一根 K 线，未有效跌破 5 日均线即止跌回升时。如图 6-11 所示光峰科技（688007）在 B 段震荡上涨走势中，进入 A 区域，出现了明显的阳量持续回升中的 K 线向上远离 5 日均线的情况，形成金鱼出水，说明股价进入了一轮快速上涨，C 区域股价十字星小阴量未跌破 5 日均线时为买入股票的时机。

图 6-11　光峰科技 30 分钟图

注意事项：

（1）金鱼出水形成前，股价必须有过一段明显的震荡上涨走势，金鱼出水时，股价是在 5 日均线附近或下方一举向上突破并远离了 5 日均线，也就是阳线必须长，或是出现了跳空高开高收时，方可确认为金鱼出水形态。

（2）金鱼出水形成后，买入时机是在下一根 K 线，只要是下一根 K

线不形成明显的格外放大的阴量阴线，K 线保持在了 5 日均线上方时，即可安心买入股票，而无须等到放量上涨出现时再买入，因阴线回落未破 5 日均线即已说明了短线的强势特征。

（3）如果金鱼出水形成后的下一根 K 线出现了十字星，或上影线较长的阴线，即使是向上远离了 5 日均线，若是阴量爆出了格外放大的较长阴量柱时，必须等到其后出现明显放量上涨，股价在 5 日均线上方时，方可买入。

第7章 卖出形态：卖出有信号，形态是关键

卖出形态在股票操作中同样重要，因为如果只会买而不会卖，同样是无法获利的。了解各种卖出形态，也是短线操盘中一个重要的环节。但是，必须格外注意的是，卖出形态与卖点是两个概念，因为所有的卖点都是建立在卖出形态之上的。

7.1 K线：趋势向下是卖出股票的不二法门

7.1.1 放量大阴线：冲得再高也要坚决卖掉

放量大阴线是指股价在上涨过程中，一旦K线图上出现了一根明显较长的大阴线时，成交量也表现为一根绿色的极长阴量柱，就形成了放量大阴线。由于短线操盘中，股价总是在趋势反转向下时表现为快速下跌的特征，尽管是一根放量大阴线，也往往能够证明股价的快速转跌，是卖出股票的形态。

形态要点及卖点判断：

（1）大阴线实体必须长，允许大阴线有一定的上影线或是下影线。

（2）大阴线出现时，成交量必须为大阴量状态，明显高于之前上涨的

阳量，或是阴量柱格外长，或是量能水平保持在较高的水平。这三种情况，只要出现任意一种，就可确认为放量。

（3）放量大阴线出现在持续上涨趋势中时，才是卖出形态，具体的卖点是：只要是确认放量大阴线时，股价依然表现为放量下跌时，即应果断卖出股票。如图 7-1 所示杭可科技（688006）在持续上涨趋势中，进入 A 区域，出现了一根较长的大阴线，成交量表现为长于之前上涨的阳量，可以确认为放量大阴线，因此在 B 区域股价放量下跌初期，即果断卖出股票。

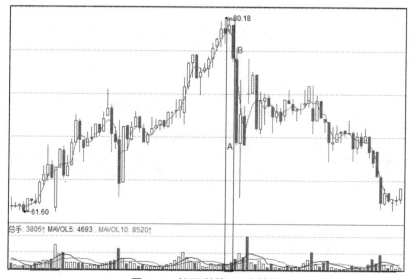

图 7-1　杭可科技 15 分钟图

注意事项：

（1）放量大阴线，只有出现在持续上涨过程中，往往前期上涨的幅度越大，短期股价快速上涨越明显时，趋势转跌的概率越高。

（2）放量大阴线也经常出现在股价上涨中途的主力快速洗盘阶段，在根据放量大阴线卖出股票时，应选择在放量大阴线出现后，当股价依然表现为放量下跌时再卖出。

（3）投资者在根据放量大阴线卖出股票后，一旦发现其短时下跌后再次出现上涨时，也不要轻易接回来，尤其是在观察日线图时，因此时即使主力资金在出货，也会选择继续拉高出货，而此时的量能保持在了近期的高水平，盘中股价震荡较大，说明分歧在加大，贸然买回极容易高位被套。

7.1.2　举案齐眉：再恩爱也要分手

举案齐眉是指股价在上涨过程中，先是出现了一根实体较长的中阳以上的阳线，接着又出现了一根与阳线在同一位置、实体相当的阴线，形成了并排的一阳一阴两根 K 线，就像是恩爱夫妻两人，所以叫举案齐眉。由于这种后一根阳线完全将前一根阳线涨势吞没的情况，说明了盘中股价的快速变脸，一经出现在高位区时，往往是股价快速转跌的征兆。因此，即使这只股票的涨势再明显，也应及时卖出。

形态要点及卖点判断：

（1）必须是在上涨趋势中的高位区或高位震荡期间，先出现一根实体较长的中、长阳线，接着又出现了一根中、长阴线，形成前阳后阴的两根 K 线，两根 K 线实体部分长短必须相当，且在同一水平位置。

（2）举案齐眉出现时，往往成交量也会出现前阳后阴的两根量柱，但量柱长短往往一高一矮，大多时候是阳量柱高，阴量柱略矮，但量能水平会保持在当前较高的状态。

（3）举案齐眉形成后的卖点，为形态成立时，股价依然保持着放量下跌。如图 7-2 所示容百科技（688005）在上涨过程中，当进入 A 区域后，先是出现了一根实体较长的长阳线，接着又出现了一根长阴线，且在同一水平位置，形成了举案齐眉，量柱表现为前高后矮，但处于当前较高水平，所以应在形态成立时，股价依然在放量下跌时，果断卖出股票。

注意事项：

（1）举案齐眉通常出现在股价经过持续快速上涨的高位区，或是在高位震荡期间，为前阳后阴、在同一水平、实体长短相当的两根 K 线，量

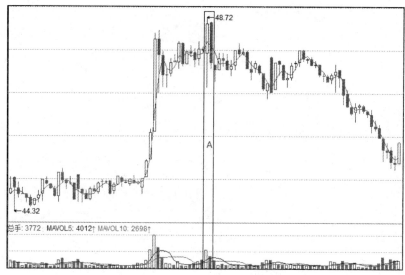

图 7-2 容百科技 15 分钟图

能只要保持在当前较高水平即可。

（2）举案齐眉形成后，应在形态成立时股价依然放量下跌时卖出，但如果是后面的阴线实体略长于前面阳线实体时，可在阴线实体向下超过阳线实体时依然在放量下跌时，即卖出股票。

（3）举案齐眉如果是出现在日线图上时，一定要在阴线形成的当日收盘前，也就是在基本确定了举案齐眉形态时，股价依然处于放量下跌时，即卖出股票，而不要再等到下一个交易日再卖出。

（4）如果投资者操作的不是科创板股票，而是其他板块的股票时，若是阴线形成的当日，股价出现了快速放量下跌，则应选择在即将跌停前果断卖出，因常规股票的最高涨跌停幅度为 10%，弱势下极易出现跌停，而次日则经常会出现大幅低开甚至是一字跌停的情况。

7.1.3　乌云盖顶：阴线低端，决定着转跌的欲望

乌云盖顶是由两根 K 线组成的一种 K 线组合形态，是指股价在上涨过程中，突然出现了一根阳线，延续了之前的上涨，接着却出现了一根

高开高走并回落的阴线，阴线实体向下深到了前一根阳线实体至少一半以上时，就形成了乌云盖顶形态，由于这一形态就像是大晴天突然头顶出现了一团乌云，因此叫乌云盖顶。乌云盖顶出现时，往往意味着股价出现了快速反转向下，所以是一种顶部回落的 K 线卖出形态。

形态要点及卖点判断：

（1）必须有两根 K 线，第一根为上涨阳线，第二根为高开回落或高开高走回落的阴线，至少向下深入到阳线实体一半以上。

（2）在乌云盖顶形态中，两根 K 线的实体基本相当，后一根阴线必须在前一根阳线高点之上，也就是阴线是创出近期新高的阴线。

（3）乌云盖顶形成、判断卖点时，应在第二根阴线向下深入到前一根阳线实体一半时，股价依然呈放量下跌时，果断卖出股票。如图 7-3 所示虹软科技（688088）在之前震荡上涨过程中，进入 A 区域，先是出现一根阳线上涨，接着又出现了一根高开高走回落的阴线，阴线实体超过了阳线实体一半以上，形成了乌云盖顶，应在形态成立的阴线跌至阳线实体一半依然放量下跌时，果断卖出股票。

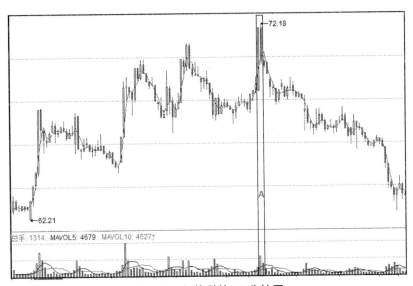

图 7-3　虹软科技 15 分钟图

注意事项:

(1) 乌云盖顶出现前,股价通常会有一段明显的上涨行情,也就是说,投资者在根据乌云盖顶卖出股票时,持股是获利状态的。

(2) 乌云盖顶形成时,后一根阴线实体必须至少向下深入到阳线实体至少一半,原则上是深入越多时,越能说明短线的快速转弱。

(3) 在根据乌云盖顶卖出股票时,是在形态成立时,而不是下一根阴线,这是由于股价高位转跌时往往是迅速的原因,而科创板股票的最大涨跌幅又是以 20% 为限,如果当形态完全定格时,尤其观察的是短周期图,则往往股价持续下跌的幅度较大较快,所以必须在阴线出现深跌至阳线实体一半时,依然放量下跌时即卖出股票。

7.1.4 倾盆大雨:阴线长度,意味着雨量的多寡

倾盆大雨也是由两根 K 线组成的一种顶部反转向下的 K 线组合形态,是指前一根 K 线为上涨阳线,后一根 K 线在低开的情况下,出现了短时冲高回落,或是直接开盘后出现快速下跌,并低收于一根阴线。从形态看,像是在山头下着大雨,所以叫倾盆大雨。倾盆大雨一经出现,即说明股价出现了快速反转向下,是卖出股票的一种 K 线形态。

形态要点及卖点判断:

(1) 形态出现前,股价必须有过一段明显的上涨行情,也就是倾盆大雨出现时,是在股价高位区。

(2) 必须由一阳一阴两根 K 线组成,前一根为上涨阳线,下一根为下跌阴线。

(3) 在一阳一阴两根 K 线中,后一根阴线高点必须低于前一根阳线,也就是前一根阳线为创新高的阳线,后一根阴线低于前一根阳线,但实体底端通常会低于阳线实体。

(4) 倾盆大雨出现时,往往阴线对应的成交量为阴量,且明显处于近期较高水平,甚至是高于之前阳线对应的阳量柱。

（5）判断倾盆大雨的卖点时，应在阴线跌破阳线实体最下端后，依然呈现出明显的放量下跌时，即卖出股票。如图 7-4 所示杭可科技（688006）在持续上涨的趋势中，进入 A 区域，先是出现了一根创新高的阳线，接着又出现了一根低开低走的阴线，形成了倾盆大雨，应在阴线跌破前一根阳线实体最底端后，依然放量下跌时，果断卖出股票。

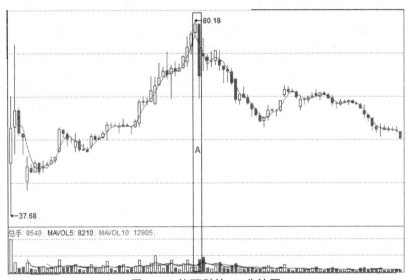

图 7-4　杭可科技 60 分钟图

注意事项：

（1）倾盆大雨出现前，股价必须处于明显的上涨行情，也就是股价位于高位区，投资者已经实现获利。

（2）倾盆大雨形成时，后一根阴线必须在前一根阳线实体之下开盘，也就是低开，原则上越是低开幅度较大时，越容易形成倾盆大雨。

（3）在通常情况下，倾盆大雨完全形成时，后一根阴线实体会长于阳线实体，并收盘在阳线实体之下，越是向下远离阳线实体底部时，下跌的意味越浓，所以卖点应选择在阴线跌破阳线实体底部后，依然放量下跌时。

（4）如果在倾盆大雨形成时，阴线虽然尚未跌破阳线实体底部时，但成交阴量柱已爆出格外长的阴量柱时，意味着区间放量的程度较大，应提早卖出股票。

7.1.5 黑三兵：小雨弥漫时要及时打开伞

黑三兵是与红三兵完全相反的一种 K 线组合形态，是指在上涨过程中的高位区，或是高位区震荡期间，一旦上涨阳线出现后，接连出现了三根实体相当的阴线，呈后一根实体在前一根实体之下，形成了台阶式的节节下跌时，就形成了黑三兵。由于这种形态出现时，K 线上形成了三根黑色的 K 线，像是三个小兵在下台阶，或是三只乌鸦站在枝头，所以叫黑三兵，又叫三只乌鸦。一经出现，即意味着涨势已经结束，持续转为下跌，是卖出股票的 K 线形态。

形态要点及卖点判断：

（1）必须是在上涨趋势中的高位区，或是高位震荡中出现三根阴线。

（2）三根阴线的实体相当，呈台阶式的节节向下运行，后一根阴线实体通常在前一根阴线实体之下。

（3）黑三兵形成后判断卖点时，应选择在第三根阴线实体收盘前，依然保持着放量下跌状态时，或是第四根阴线开盘时呈放量下跌时。如图 7-5 所示天宜上佳（688033），在明显的上涨行情中，当阳线上影线创出新高的 A 区域之前的一根阳线后，A 区域接连出现了三根依次向下的阴线，实体大体相当，后一根阴线实体在前一根阴线实体之下，形成了黑三兵。应在 A 区域右侧第一根阴线收盘时，或是 B 区域开盘时依然呈现放量下跌时，果断卖出股票。

注意事项：

（1）黑三兵出现时，必须确保是股价在经过了明显的上涨后，否则就谈不上卖出股票，因为科创板操盘都是短线操作，弱势反弹情况下，基本上是不操作的。

（2）在黑三兵形态中，通常第三根下跌阴线实体会略长于前两根，这

图 7-5　天宜上佳 15 分钟图

时往往意味着股价持续下跌的欲望，卖出股票时，应选择在第三根阴线收盘前。标准的黑三兵形态，应选择在第四根阴线实体开盘后依然保持放量下跌状态时。

（3）不管黑三兵形态是否标准，甚至是 K 线实体部分较小，量柱也不长，但只要是阴量在三根阴线中呈小幅放量的状态时，即应果断卖出股票。因科创板股票流通盘小，流通筹码数量少，主力资金只要持续抛售，很容易出完货。所以，不能以黑三兵阴线实体小而心存观望的态度。

（4）黑三兵形成时，如果阴线实体较长，并出现了相互有交叉的情况时，可视为类黑三兵，同样要及时卖出股票。

7.1.6　看涨吞没：暴雨来时，要学会及时躲开

看涨吞没在形态上与乌云盖顶类似，属于乌云盖顶形态的一种变形形态。因为在看涨吞没中，是在上涨趋势的高位区，先是出现了一根上涨阳线，接着又出现了一根创新高的阴线，即高开冲高后回落，或直接高开持续回落，并出现大幅低收，收于阳线实体最底部的开盘价之下，

形成看似创出了新高，呈上涨态势，但实际上却出现大幅回落，将上一根阳线的实体完全吞没了，所以叫看涨吞没。一经出现，即说明股价出现了快速反转向下，应果断卖出股票。

形态要点及卖点判断：

（1）看涨吞没出现时，必须股价有过一段明显的上涨行情，是出现在股价的高位区。

（2）在看涨吞没形态中，前一根是上涨阳线，后一根阴线必须高开在阳线实体最上端之上，必须是高于上一根阳线的收盘价，收盘却是在上一根阳线开盘价的下方，也就是阳线实体下方，阴线实体完全将阳线实体包裹在内。

（3）判断看涨吞没的卖点时，应选择在阴线跌破阳线实体最下端（开盘价）后，依然呈放量下跌状态时。如图7-6所示乐鑫科技（688018），在明显的上涨行情中，进入A区域后，先是出现了一根上涨阳线，接着又出现了一根高开略冲高并创出新高后持续回落的阴线，收盘于阳线实体之下，形成了看涨吞没。应在阴线跌破阳线实体底部后依然呈放量下

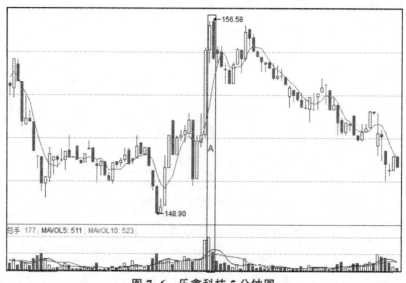

图7-6 乐鑫科技5分钟图

跌时，果断卖出股票。

注意事项：

（1）看涨吞没出现前，股价必须有过一段明显的上涨行情，也就是看涨吞没出现时是在股价的高位区，这是确保形成卖点的原因。

（2）在看涨吞没形态中，后一根阴线必须是在高于阳线实体顶部之上开盘的，也就是阴线实体必须高于阳线实体，或高开回落，或冲高回落。

（3）在看涨吞没形态中，后一根阴线实体必须完全将前一根阳线实体，也就是阴线实体必须将阳线实体完全包裹在内，允许阳线的上影线超过阴线高点，也允许阳线有下影线并向下超过阴线最低点。

（4）看涨吞没一经形成，就意味着股价的快速冲高转跌，通常其后的跌势较猛，所以卖出股票时，应选择在阴线跌破阳线实体后，依然放量下跌时。

7.1.7 尖顶：右侧跌得越深，趋势反转向下的愿望越强

尖顶是指股价在上涨趋势中，在高位区先是形成了持续快速上涨，接着又出现了持续快速下跌，K线上形成了一个英文字母倒立的V形，也就是K线有着明显的一个尖部，所以既叫尖顶，又称倒V形。尖顶是股价快速赶顶快速转跌的经典形态，一经出现即应果断卖出股票。

形态要点及卖点判断：

（1）尖顶出现前，股价必须有过一段明显的上涨趋势。

（2）尖顶形成期间，左侧必须有明显的快速上涨，右侧又出现明显的快速下跌，快速上涨的起点与快速回落的低点，通常保持在一个水平，将其连线，即为颈线。

（3）尖顶出现时，成交量明显表现为：左侧多为阳量，右侧多为阴量。

（4）在判断尖顶卖点时，如果是日线以上的长周期图，应在尖顶成立后立即果断卖出股票。如果是短周期图，可在尖顶形成后，股价快速回升到颈线之上后止涨回跌时卖出股票。如图7-7所示福光股份（688010），

在持续上涨中，进入 A 区域，股价本已下跌，但突然出现了止跌后的快速持续回升，创出新高后又出现了持续快速回落，形成了尖顶。由于观察的是 5 分钟短周期图，且股价在跌破颈线后很快出现回升，应在 B 段回升走势中止涨回跌的 C 区域，果断卖出股票。

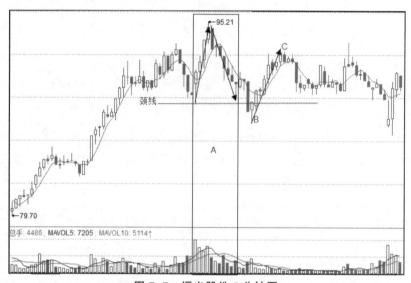

图 7-7　福光股份 5 分钟图

注意事项：

（1）尖顶是股价在高位区本已转跌时，再次出现快速上涨后快速回落的表现，也就是主力资金在高位区快速拉高出货的表现，所以发现后即应卖出股票。

（2）尖顶形成后，通常股价在跌破颈线后会有一次对颈线的回调，回抽颈线时的止涨转跌点就成为最佳卖点。这种回抽颈线的行为并不一定能确保如期出现，在按照短周期图操作时，股价在跌破颈线即止跌回升时，方意味着有回抽颈线的出现，但无论这种回抽的力度是大还是小，只要回抽中出现了止涨回跌时，就应果断卖出股票。

（3）尖顶如果是出现在日线等长周期图上时，类似于科创板这类的小盘股，往往不会有尖顶形成后的回抽颈线的行为，在大多数情况下，只要是形成了尖顶时，就意味着股价已快速转跌，就应及时卖出股票，不要为了贪图一点点收益，继续观望而降低整体的收益。因尖顶形成后，一旦股价下跌，往往都是迅速的，短时下跌幅度也较大。

7.2 MACD：双线和绿柱是趋势转跌的"二郎神"

7.2.1 高位死叉：只要出现，就意味着再无涨势

高位死叉是指当 MACD 双线向上运行到指标区间的高位区后，出现了上方 DIFF 线向下与 DEA 线交叉的死叉。由于 MACD 指标判断股价波段趋势时较为准确，虽然略有延后的情况，但一经形成高位死叉，即说明涨势已经结束，就应及时卖出股票了。

形态要点及卖点判断：

（1）高位死叉出现前，必须有过一段明显的 MACD 双线在 0 轴上向上运行的走势，也就是股价必须是经过了明显的一段上涨走势后，在高位区出现的死叉。

（2）高位死叉形成时，是位于上方的 DIFF 线向下与 DEA 线形成的交叉，并且死叉出现时，MACD 柱也表现为由红柱转为绿柱。

（3）判断高位死叉的卖点时，应确保死叉形成后，双线之间有一定的距离间隔，否则如果双线相距较近呈黏合状态时，有可能只是高位震荡，趋势并未完全转跌。因此，判断卖点形成与否的关键：一是看双线死叉时的距离，二是看红柱是否转为了绿柱，三是看是否形成了放量下跌。如图 7-8 所示交控科技（688015）在经过了 MACD 双线在 0 轴之上的上涨后，也就是股价经过了明显的上涨后，MACD 双线在指标区间的高位

区，DIFF 线由上向下与 DEA 线形成了高位死叉。双线之间在死叉后有着明显的间距，红柱也在死叉时转为了绿柱，量价形成了大阴线的放量下跌，应在高位死叉后长阴线放量下跌中，果断卖出股票。

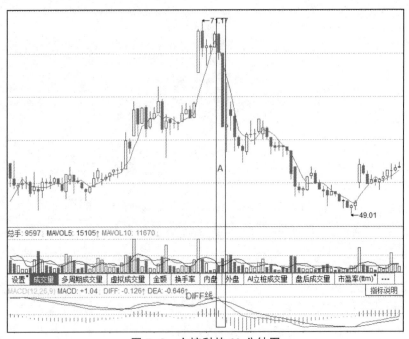

图 7-8 交控科技 30 分钟图

注意事项：

（1）高位死叉出现前，必须确保股价有过一段明显的上涨趋势，并且在高位死叉前，双线与股价是同步向上运行的。

（2）不是所有的高位死叉都是卖出形态，只有符合三个条件后，方可形成卖点：一是双线在死叉后必须有一定间距，二是红柱必须变为了绿柱，三是量价上形成了放量下跌。

（3）如果在高位死叉出现时，MACD 双线是处于相距较近的黏合状态时，往往只是高位震荡的表现，有可能形成了顶背离，这时就应按照背离形态来判断卖点，只有其后 MACD 双线与股价同步向下时，方可卖出股票。

7.2.2　DIFF 线向下眺望：角度越大，跌势越猛

DIFF 线向下眺望是指当 MACD 双线在 0 轴之上向上运行的过程中，当运行到指标区间的高位区时，一旦上方的 DIFF 线突然转为向下运行时，就说明涨势已经结束，所以是高位转跌时卖出股票的时机。

形态要点及卖点判断：

（1）DIFF 线向下眺望出现前，MACD 双线与股价均有过一段持续上涨的走势。

（2）DIFF 线向上眺望时，往往与下方 DEA 线之间具有一定距离，DEA 线依然保持着上行的状态。

（3）判断 DIFF 线向下眺望的卖点时，必须确保 DIFF 线向下的角度至少保持在 30 度左右，同时形成了明显的放量下跌状态。如图 7-9 所示

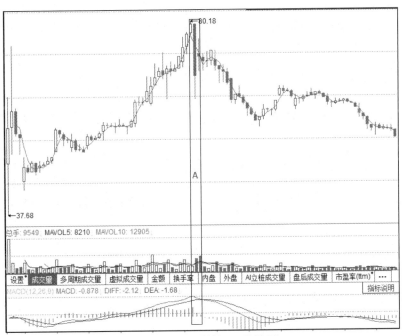

图 7-9　杭可科技 60 分钟图

杭可科技（688006）在经过了 MACD 双线与股价的同步向上运行后，进入 A 区域，股价创出新高，DIFF 也在向上触及指标区间顶部后开始以 30 度的角度向下运行，同时出现了明显的阴量阴线式的放量下跌，应果断在阴线放量下跌时卖出股票。

注意事项：

（1）DIFF 线向下眺望出现前，股价及 MACD 双线必须经过了明显的上涨趋势，因为背离状态下的 MACD 双线此刻并不会到达指标区间的高位。

（2）DIFF 线向下眺望出现时，DIFF 线越是靠近指标区间的上沿时出现的向下眺望，越是可靠，尤其是 DIFF 线形成了高位钝化后，与 DEA 线之间的间距越大时，所形成的 DIFF 线大角度向下眺望，转跌的意味更浓。

（3）利用 DIFF 线向下眺望后判断卖点时，一定要以 DIFF 线向下的角度来判断，原则上是角度越大时，转跌意愿越强烈，但依然要以放量下跌为判断是否形成趋势突转时的重要依据。

（4）DIFF 线向下眺望形成卖点时，不一定 MACD 柱会由红柱变为绿柱，因此时为强势之末，所以盘中追高的筹码依然存在。

7.2.3　双线向下发散：绿柱越长，跌势越大

双线向下发散是指当 MACD 双线与股价经过了一段明显的上涨后，MACD 双线在运行到指标高位区后，突然 DIFF 线与 DEA 线出现了双双向下加速运行，双线之间形成了一种明显的向下发散态势。这往往意味着涨势已经结束，所以是卖出股票的形态。

形态要点及卖点判断：

（1）双线向下发散出现前，往往股价经过了一段明显的上涨走势，MACD 双线此刻已向上运行到了指标区间的高位区。

（2）双线向下发散出现时，双线或是在形成高位死叉后呈向下发散的

状态，或是双线在高位黏合状态下 DIFF 线出现快速向下的与 DEA 线分
离的发散状态，无论是哪种情况，双线之间的间距是在逐渐放大的，方
向是向下以抛物线的方式出现。

（3）双线向下发散出现时，MACD 红柱通常会快速转为较长的绿柱。

（4）双线向下发散出现后判断卖点，应在量价形成了明显的放量下跌
时。如图 7-10 所示心脉医疗（688016），在经过明显的上涨走势后，
MACD 双线已运行到了指标区间的高位区，并形成了双线黏合状态，进
入 A 区域时，DIFF 线突然向下快速运行，引得 DEA 线也出现了快速转下
行，且双线之间的距离在逐渐加大，形成了向下发散状态。因此，应在
形态成立时，股价放量下跌时，果断卖出股票。

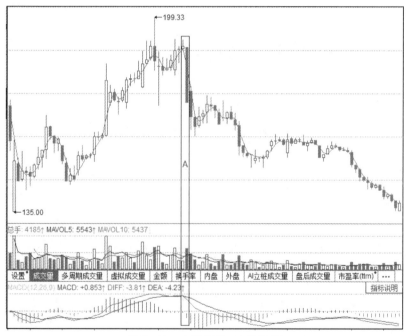

图 7-10 心脉医疗 60 分钟图

注意事项：

（1）双线向下发散出现前，股价必定会出现过一段明显的上涨走势，

且 MACD 双线此时已运行到了指标区间的高位区，D1FF 线越是向上靠近指标区间的顶部，甚至是出现高位钝化时，往往向下发散时转势下跌的概率越高。

（2）如果在双线向下发散出现时，DIFF 线向下的角度较大时，则趋势快速转跌的意愿越是强烈。

（3）双线向下发散出现后，双线向下发散时的间距越大时，往往证明股价快速转跌的速度更快，此时绿柱则越长。

（4）双线向下发散后判断卖点时，绿柱的长短，与量价中的放量下跌，是判断转跌意愿的关键因素，绿柱越长的放量下跌，股价快速下跌的幅度往往越大。

7.3 KDJ：眼睑低垂，股价下跌

7.3.1 三线垂头：想留也不能留

三线垂头是指 KDJ 在运行到 50 线以上的指标区间高位区后，三线出现了相距较近状态的黏合小幅震荡，其后突然出现了三线快速向下发散的状态，就像是 KDJ 三条线突然出现了一起向下垂头。这种形态一经出现，即说明趋势出现了转弱，因此是一种卖出形态。

形态要点及卖点判断：

（1）三线垂头出现前，股价必定有过一段明显的上涨走势，KDJ 三线也运行到了 50 线以上的区域。

（2）三线垂头形成时，K 线、D 线和 J 线三条线必须是在相距较近状态下，突然出现了快速向下发散分离，线与线之间必须呈明显的间距逐渐放大的状态。

（3）在判断三线垂头的卖点时，应确保出现了放量下跌，一经发现即应果断卖出。如图 7-11 所示方邦股份（688020），股价在经过明显的上涨走势后，KDJ 三线也运行在指标区间中间水平虚线之上的高位区，KDJ 三线出现相互黏合小幅震荡，进入 A 区域，出现明显的 KDJ 三线突然掉头向下分散运行，间距逐渐放大，形成了三线垂头，同时，量价形成了明显的放量下跌。应在 A 区域明显放量下跌时，卖出股票。

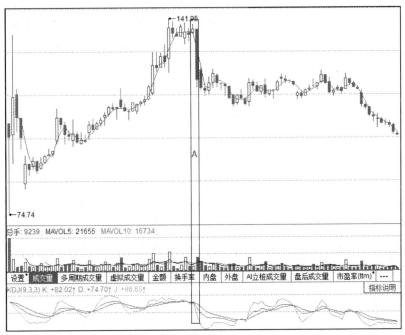

图 7-11　方邦股份 60 分钟图

注意事项：

（1）三线垂头出现前，必须股价有过一段明显的上涨走势，KDJ 三线也运行到了 50 线以上的高位区。这里需要注意 50 线的判断，就是指标区间位于中间位置的那条水平虚线。

（2）三线垂头形成时，KDJ 三线必须形成三线头弧形向下逐渐分散的状态，也就是三线向下发散状态。

（3）三线垂头形成后，一定要在量价上出现明显的放量下跌时方可卖出股票，因KDJ指标短线波动快，必须确保量价的下跌趋势，方能确定股价的快速转弱。

7.3.2　三线搓手：不摇头，你也得走

三线搓手是指KDJ三线运行到指标显示区域的高位区后，突然出现了上方J线向下转头，相继与K线和D线黏合在一起，水平小幅震荡，就像是有三只手紧紧握在了一起相互搓动，所以叫三线搓手。这种形态一经出现，说明股价在高位形成了震荡滞涨，应及时卖出股票。

形态要点及卖点判断：

（1）三线搓手出现前，股价必须经过一段明显的上涨走势，KDJ三线也运行到了指标显示区间的高位区。

（2）三线搓手形成时，是上方J线向下与K线和D线相互黏合在了一起，表现为三线小幅震荡，就像三只手在不停地搓动。

（3）三线搓手只是股价高位震荡的表现，必须确保在三线搓手期间，量价形成了明显的放量下跌时，方可卖出股票。如图7-12所示瀚川智能（688022），股价在经过了一段明显的上涨后，KDJ三线也上行到了指标区间的高位区，进入A区域，上方J线出现向下，与K线和D线出现了黏合小幅震荡，形成了三线搓手。同时在量价方面，表现为明显的放量下跌，应在A区域右侧阴线放量下跌中果断卖出股票。

注意事项：

（1）三线搓手出现前，通常股价会出现一轮明显的上涨走势，否则即使出现，只是股价转弱的表现，不能形成高位卖点。

（2）在三线搓手形态中，必须确保KDJ三线在指标区间的高位区形成了相互黏合和小幅震荡时，方可确认为三线搓手形态。

（3）三线搓手形态只是股价高位震荡滞涨的表现，所以形成卖点时，必须出现明显的放量下跌，因此卖点也就是放量下跌时，否则极有可能

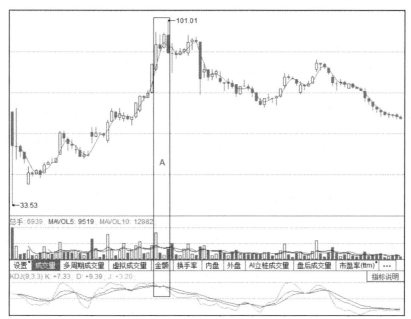

图 7-12 瀚川智能 60 分钟图

形成 KDJ 背离，KDJ 三线在震荡后与股价形成背离式上涨。

7.3.3 J 线向下眺望：命里有时终须有，命里无时莫强求

J 线向下眺望是指当 KDJ 运行到指标区间的高位区后，位于上方的 J 线在向上远离下方 K 线的同时，突然中止了继续上行，转为大角度快速下行，就像是一个人在低头向下眺望。这种形态一经出现，即说明股价出现了快速下跌，所以是卖出股票的形态。

形态要点及卖点判断：

（1）J 线向下眺望出现前，股价通常会有一段明显的上涨走势，KDJ 三线也已经运行到了指标区间的高位区。

（2）J 线向下眺望形成时，是上方的 J 线在与下方 K 线和 D 线之间有一定距离的情况下，突然出现大角度向下运行，通常 J 线向下的角度至少要大于 50 度。

（3）判断 J 线向下眺望的卖点时，有经验的投资者应在形态形成初期，股价在涨势回落时卖出。无经验的投资者，也必须在形态形成后的放量下跌初期，果断卖出股票。如图 7-13 所示航天宏图（688066），股价在经过明显的上涨后，KDJ 指标已运行到指标区间的高位区，进入 A 区域后，上方 J 线突然中止继续上行，转为向下以 70 度左右的大角度向下运行，形成了 J 线向下眺望，有经验的投资者会在形态成立的 A 区域股价冲高回落时卖出股票。一般投资者也应在其后的 B 区域出现放量下跌初期，及时卖出股票。

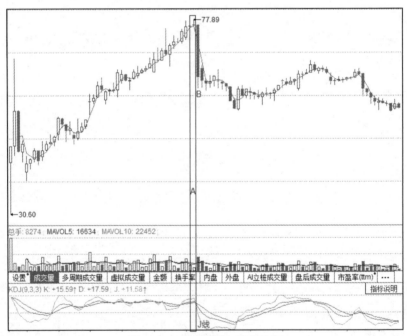

图 7-13　航天宏图 60 分钟图

注意事项：

（1）J 线向下眺望出现前，股价必须有过一段明显的上涨走势，KDJ 指标也运行到了指标区间的顶部高位区。

（2）J 线向下眺望形成时，通常 J 线会与下方的 K 线和 D 线有一定距离，距离越大时，J 线大角度下行时越能说明股价转跌的速度。但在判断走势转弱的程度时，主要应以 J 线向下的角度而定，也就是说，J 线向下的水平角度越大时，跌势往往越猛，短期股价跌幅越大。

（3）J 线向下眺望是形成 KDJ 死叉前的一种形态，是以 J 线向下的速率来判断股价高位转跌时的强度和力度，所以最理想的卖点是 J 线形成了大角度向下之初的股价冲高回落时。

（4）由于 KDJ 指标滑动较快，尤其是在观察过短周期图时，J 线的变化则更快。因此，相对而言，J 线向下眺望形成后的放量下跌状态，才是确认股价快速转跌的关键依据，尤其是在观察过短周期图时，如 1 分钟、5 分钟、15 分钟图等。

7.4 MA：双线坐滑梯，趋势速变弱

7.4.1 懒驴下坡：双线下行，大雨滂沱

懒驴下坡是指股价在沿 5 日均线向上运行中，一旦出现了 K 线跌破 5 日均线后，如果形成了持续在 5 日均线下方向下运行中的放量下跌时，就像是一头懒驴顺着坡往下走，所以叫懒驴下坡。这种形态一经出现，就说明涨势已经快速转为下跌，是一种卖出股票的形态。

形态要点及卖点判断：

（1）懒驴下坡出现前，股价必须有过一段明显的上涨走势，且 K 线是一直沿着 5 日均线向上运行的。

（2）懒驴下坡形成时，是 K 线有效跌破 5 日均线后持续在 5 日均线下方向下运行。

（3）判断懒驴下坡形成后的卖点，是 K 线有效跌破 5 日均线后持续

放量下行时，为了准确地判断这种 K 线有效跌破的行为，可以选择在 K 线跌破 5 日均线后持续在 5 日均线下方放量下跌时。如图 7-14 所示虹软科技（688088），在经过股价明显的持续上涨后，在进入 A 区域之前的一根 K 线，出现了阴十字星跌破 5 日均线的情况，但放量下跌不明显，且 A 区域左侧又出现了阳线回升到 5 日均线之上，所以不能在此时即确认形成了懒驴下坡的卖点。应在 A 区域右侧，长阴线再次跌破 5 日均线后依然明显放量下跌初期，再果断卖出股票。

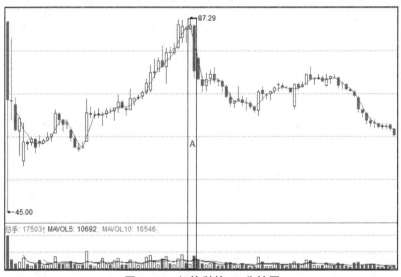

图 7-14 虹软科技 60 分钟图

注意事项：

（1）懒驴下坡出现前，股价必须有过一段明显的上涨走势，且 K 线是沿着 5 日均线向上运行的状态。

（2）如果出现懒驴下坡时，虽然 K 线有效跌破了 5 日均线，但若是放量下跌不明显时，也就是这根跌破 5 日均线的 K 线出现了极度缩量，则应继续观察下一根 K 线的情况，只有这种 K 线在 5 日均线之下持续下行时，形成了放量下跌，才是卖出股票的最佳时机。

（3）如果是懒驴下坡形成的当根 K 线中，股价在跌破 5 日均线后出现了继续的放量下跌时，就说明股价已快速转跌，此时应及时卖出股票，而不要非等到这根放量下跌的阴线收盘，形成明显的阴量阴线式的放量下跌时，再去卖出股票。

7.4.2　鞍马分离：主力不走，你也得走

鞍马分离是指股价在上涨走势中，一旦出现 K 线快速向下低开在 5 日均线下方时，且盘中未向上回升到 5 日均线的位置即收盘，形成了 K 线是完全处在 5 日均线下方的情况，就像是从马背卸下了马鞍，所以叫鞍马分离。而马鞍从马背上取下后，这马自然是不能骑了，是卖出股票的形态。

形态要点及卖点判断：

（1）鞍马分离出现前，股价往往会有过一段明显的上涨走势，或是当前处于上涨的高位区，或是处于高位震荡时期。

（2）鞍马分离出现时，必须确保这根在 5 日均线下低开低收的 K 线，盘中未向上触及 5 日均线。

（3）判断鞍马分离形成后的卖点时，同样是放量下跌的量价形态。如果 K 线是在 5 日均线下方低开后持续出现放量下跌时，应在这一根 K 线收盘前即卖出股票；如果这根 K 线形成期间放量下跌不明显时，应在下一根 K 线出现再次于 5 日均线附近开盘后，持续形成放量下跌时，再卖出股票。如图 7-15 所示沃尔德（688028），在经过前期的快速上涨后，在高位震荡中，进入 A 区域，K 线直接低开在 5 日均线下方，且盘中回升时未向上触及 5 日均线即出现再次下跌，因这根 K 线在收盘前依然保持着放量下跌状态，所以应在 A 区域这根 K 线收盘前，果断卖出股票。

注意事项：

（1）鞍马分离出现前，股价往往会有过一段明显的上涨走势，鞍马分离是出现在股价持续上涨的高位区，或是高位震荡行情中。

（2）形成鞍马分离期间，股价回升时不能向上触及 5 日均线，否则就

图 7-15　沃尔德 30 分钟图

不能以鞍马分离形态来判断行情。

（3）鞍马分离一旦出现，如果形成时的这根 K 线出现明显的放量下跌时，即应果断在收盘前卖出股票；如果未形成放量下跌时，应在下一根 K 线在 5 日均线下方开盘后放量下跌时再卖出。

（4）如果通过鞍马分离判断卖点时，往往较长周期的 K 线图上成功率更高，如日线或 60 分钟图等；如果是周期过短，如 5 分钟图、15 分钟图等，则最好根据量价关系中的持续放量下跌来判断走势，因短周期图时间过短，股价变化较快，震荡行情中极易出现这种股价在高位区的上下较大幅度的震荡。

第8章 操盘技巧：方法用得巧，时机抓得准

　　明白了买入形态，也就学会了如何选股，学会了卖出形态，也就掌握了落袋为安的获利方法。但在实战交易中，无论买入还是卖出股票，都是有着一定技巧的。例如，周期图的选择技巧、趋势交易技巧、选择买卖时机的技巧和判断股价短线强弱的技巧等。只有熟悉了这些技巧，才能在学会操盘方法后，准确判断出交易时机。

8.1 周期图操盘技巧：长短随心，买卖任意

8.1.1 日线+30分钟图：日线是根，30分钟图是叶，根动才能叶颤

　　在短线操盘中，30分钟图是一个重要的K线图，投资者完全可以单独根据30分钟图来操作，因为一个交易日的交易时间一共为4个小时，所以在30分钟图上，一个交易日共有8根K线，在现行的T+1交易制度之下，根据30分钟图趋势选股时是完全可行的，因趋势具有持续性。但是，由于科创板股票涨跌幅的限制为20%，这就意味着盘中的震荡幅度较大，为了能够更为准确地把握好趋势，在根据30分钟图及以下的短周

期交易时，还是应查看一下日线图的。

日线+30分钟图交易技巧：

（1）在根据30分钟图操作时，只要根据30分钟图上的股价底和顶的买入与卖出形态来判断即可，主要注重的是量价的可持续性。因为相对而言，量价是否能够持续，30分钟图上能够更为清晰地观察到具体的量价变化。如图8-1所示睿创微纳（688002）的30分钟图，在A区域形成了股价震荡走低、MACD震荡走高的底背离，B区域刚好形成了持续的MACD低位金叉的量价齐升。即使是忽略了底背离，也能够根据低位金叉的量价齐升买入股票。而到了C区域，股价出现高位滞涨的横盘震荡，MACD双线也出现钝化后的相距较近，明显也是震荡趋势，且红柱在持续缩短，这就意味着盘中上涨的动能不足，期间的整体放量也不明显。对于短线操盘者来说，就说明股价未来的涨势不明朗，所以应逢高卖出股票落袋为安。这就是30分钟的底部买入与顶部卖出技巧。

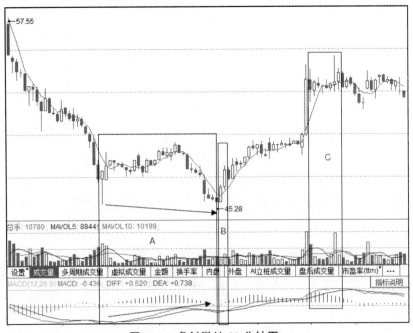

图8-1　睿创微纳30分钟图

（2）根据 30 分钟图操作时，日线的观察只是一种辅助判断，主要是对股价短期趋势方向的把握。因为日线图上的量价变化相对较为迟缓，不完成一个交易日的所有时间，是很难判断出强弱的。例如，图 8-2 睿创微纳的日线图，如果我们发现 A 区域的上涨时，首先是量能变化不明显，尽管从 KDJ 的趋势，形成了三线向上挥手的买入形态，很快又转为了 J 线向下眺望的卖出形态，一买一卖间是难以抉择的，因为可能刚刚按照买入形态买入，又要以卖出形态卖出，是很难操作获利的。但是却可以从 A 区域发现，起码这一时间内股价是处于震荡向上的，这种对日线上涨的观察是基础，操作上是完全可以按照图 8-1 中的底部反转买入与顶部反转卖出来操作。由于科创板震荡幅度较大，即使是根据图 8-1 中 B 区域第二根阳线的 48 元左右的收盘价买入股票，并在 C 区域高位震荡的最低价计算，也能卖在至少 53 元以上，中间也有每股 5 元的收益。所以说，根据 30 分钟图交易时，日线图是趋势的保障，属于辅助参考。

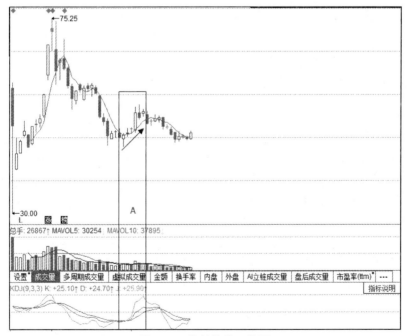

图 8-2　睿创微纳日线图

注意事项：

（1）在日线+30分钟图操作中，日线只是辅助判断的依据，只要是日线上股价不处于绝对的弱势时，均可按照30分钟图上的变化来进行交易。

（2）按照日线+30分钟图的操作理念交易时，30分钟图是交易的基础，也就是只有形成明显的买入形态时，达到量价的要求时，方可买入；形成明显的卖出形态后，且达到量价要求时，再卖出。

（3）根据30分钟图交易时，一定要以量价为最终的买卖股票时的依据，因为30分钟图本身K线和量柱数量就是日线图上的细分，所以日线图上量不明显时，30分钟图上都能够准确地显示出细微的变化。这也就是说，如果30分钟图上的买卖形态成立后，一旦量能不明显时，就要谨慎参与。

（4）在大多数情况下，在根据30分钟图买入股票时，一定要确保买入形态的放量上涨，而在卖出股票时，应坚持股价在无法继续上涨时即卖出的原则，因为当股价无法继续上涨时，就意味着继续持股已无法获利，所以短线操盘中的卖出股票，应以落袋为安的目的为主。

（5）只有在30分钟图上形成高位滞涨时，如果日线图上股价仅仅表现为未跌破5日均线的震荡时，方可继续持股。

8.1.2　日线＋分时图：日线是海，分时图是潮，浪起还须潮涌

在日线操盘中，很多投资者都习惯于观察日线和分时图，而这种日线+分时图的结合，同样是一种理想的短线操作方法，因为日线能够确保较长趋势的方向，而分时图又能够准确地显示出当日股价的强弱程度。分时图就好比是海潮，日线好比是海浪，潮起时浪才会涌，无潮时往往是风平浪静。

日线＋分时图交易技巧：

（1）日线图的功能主要是判断趋势变化，例如，整体的上涨趋势，就

是短线操作这只股票与否的根本，只有在上涨趋势中时，才是操作这只
股票的前提。如图8-3所示天准科技（688003）中A区域之前，股价处
于明显的上涨趋势，进入A区域后，股价出现调整，但未跌破5日均线，
且阴量只是保持在当前的水平，未明显放量。这种形态，就是短线介入
的好时机了，至于是否能够买入，则要进一步观察B区域下一个交易日
的分时图了。这就是短线操作科创板强势股的日线选股、分时图买股的
交易技巧。

图8-3 天准科技日线图

（2）在观察分时图时，往往是对日线上涨趋势中个股的强弱进行判
断，如日线上出现微调时，就是要看下一个交易日中分时图上显示的股
价强弱程度。股价强势时的特征：股价线位于昨日收盘线和开盘价之上，
就证明这一交易日的股价是强于昨日收盘与今日开盘的。如图8-4所示
天准科技2019年8月1日分时图中的情况，也就是图8-3在A区域具有
可操作的条件后，B区域的分时图情况。从中可看出，A区域股价是小幅
低开的，很快股价线即向上突破了昨日收盘线，并持续向上运行。至午
后A区域时，这种股价线持续上行的状态依然在持续，且DIFF线明显出

现了向上眺望的与 DEA 线的向上分离，观察全天至此的 MACD 双线，只在开盘后的 E 区域和盘中 F 区域出现了短暂跌破 0 轴的情况，并且很快又回到了 0 轴之上。同时最为关键的是，在 A 区域形成了明显的放量上涨，可在 A 区域果断买入股票。

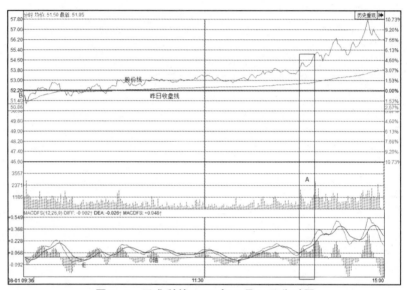

图 8-4　天准科技 2019 年 8 月 1 日分时图

注意事项：

（1）在根据日线+分时图操作科创板股票时，日线是选股的基础，因为只有日线上处于明显的上涨趋势时，方可根据分时图的情况来观察，日线下跌或震荡中是最忌根据日线操作的，这是短线操盘的基础。

（2）在根据日线+分时图操作科创板强势股时，往往处于主升浪时期的股票，短期收益更大，但买入往往是在下一个交易日上分时图的强势特征买入。

（3）当一只科创板股票日线上形成了明显的主升浪上涨时，分时图上的强势特征表现为：股价线高于开盘价和昨日收盘价时，股价放量上涨，操作时间最好选择在 14：00~15：00，也就是收盘前一小时内。这是因为科创板股票波动大，难出现涨停，所以只有午后收盘一小时期间，才能确保今日的强势。

（4）如果投资者是根据日线+分时图操作其他板块的股票时，应选择在日线强势特征的下一个交易日的开盘到 11 点期间，只有开盘时出现大幅高开后形成的放量上涨，方可在开盘半小时内买入，否则就应选择在 10 点后涨幅达到至少 3% 时再买入。这是因为，老股票的涨跌幅最高为 10%，极易出现快速涨停。

8.2　趋势交易技巧：趋势起变化，交易正当时

8.2.1　趋势反转向上：买入股票的交易技巧

趋势反转向上就是那些趋势由下跌趋势末端或是弱势震荡趋势转为上涨趋势的时候，所以属于弱势转强势时的买入形态，无论是根据哪种技术指标来判断这种趋势反转，最终决定是否趋势反转向上时，还是要根据股价的趋势来判断。也就是说，我们判断是否趋势反转向上时，主要是根据股价的趋势由弱势转强时来判断。

判断股价趋势反转向上的方法及形态：

（1）均线弱势转强形态。就是均线由空头排列转为多头排列的初期，通常这种均线的反转向上时，都是以短期均线的反弹开始，尤其是在快速下跌时的快速反转向上时，凡是以这种形态买入股票，应主要结合量价出现持续放量上涨为准。另外一种就是弱势震荡转强时，这一时期通常会先形成均线反复缠绕，直到形成均线多头排列初期，根据这种形态买入股票时，必须出现明显的持续放量上涨或是格外放量上涨。如图 8-5 所示容百科技（688005），A 区域在弱势震荡中形成均线缠绕，进入 B 区

域形成 5 日均线、10 日均线、20 日均线、30 日均线、60 日均线等依次
由上向下排列、向上发散的均线多头排列，量价呈现出持续的温和放量
上涨状态，说明趋势已经出现由弱转强，应果断买入股票。

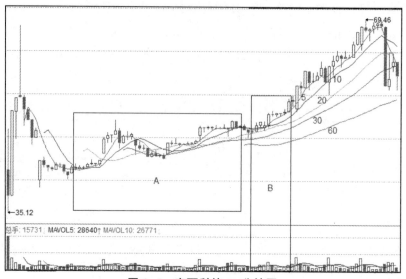

图 8-5　容百科技 30 分钟图

（2）MACD 弱势转强形态。就是 MACD 双线由下向上双双突破 0 轴后
呈持续向上运行的状态，这种形态也是多头上涨趋势形成初期的买入方
法，也必须形成明显的持续放量上涨或是格外放量上涨。如图 8-6 所示
澜起科技（688008），在弱势震荡中，MACD 双线在 0 轴下震荡后，出现
相继向上突破 0 轴，红柱持续变长，形成 MACD 多头上涨形态，成交量
表现为持续放量状态，说明趋势已由弱势转强，应果断买入股票。

（3）K 线弱势转强形态。这种形态相对来说较为简单，例如，曙光初
现、旭日东升、金针探底、尖底等 K 线底部反转组合形态，由于 K 线相
对较少，所以一旦形成时，就要确保出现了明显的持续量价齐升时，才
更为安全。如图 8-7 所示南微医学（688029），股价在弱势震荡期间，进
入 B 区域形成了旭日东升形态，成交阳量明显放大，说明趋势出现了快
速由弱转强，应果断买入股票。

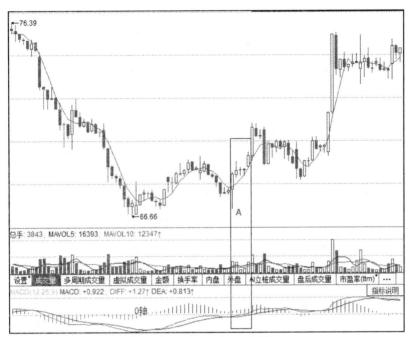

图 8-6 澜起科技 30 分钟图

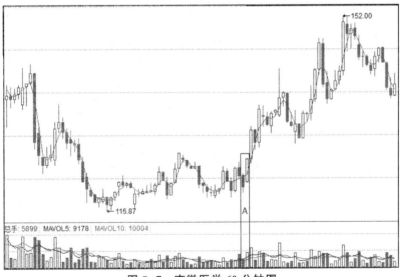

图 8-7 南微医学 60 分钟图

交易技巧：

（1）在判断股价由弱转强时，各类指标的转强形态，也就是买入形态，只是一种参考，关键是 K 线趋势必须形成明显的由弱转强时，形态方可信，所以判断趋势反转向上的基本买入形态，就是量价关系中的放量上涨。

（2）当利用均线判断趋势反转向上时，不是短期均线的向上运行，而是必须确保形成了均线多头排列初期时，形成的买入形态才更安全。

（3）利用 MACD 判断趋势反转向上时，不是低位金叉，而是 MACD 形成多头上涨趋势后红柱变长中的双线持续上行。因为放量上涨的低位金叉，只能证明短期趋势出现了向上，也就是弱势反弹的开始，无法说明整个趋势发生了反转向上。

（4）当利用 K 线判断趋势反转向上时，初期只能以反弹来对待行情，只有形成上涨趋势时，才能证明趋势出现了真正反转向上，所以 K 线买入形态出现时，必须形成明显的持续或格外放量上涨时，买入形态才更可信。

8.2.2 趋势反转向下：卖出股票的交易技巧

趋势反转向下就是那些趋势由上涨趋势末端转为下跌趋势的时候，属于强势转弱势时的卖出形态，无论是根据哪种技术指标来判断这种趋势反转向下时，最终决定是否趋势反转向下时，还要根据股价的趋势，这也就是说，我们判断是否趋势反转向下时，主要是根据股价的趋势由上涨转为了下跌来判断。

判断股价趋势反转向下的方法及形态：

（1）技术指标强势转弱形态。就是 MACD 和 KDJ 指标的各种买入形态，主要有高位死叉、短期指标线大角度向下、MACD 双线或 KDJ 三线向下发散等形态，还包括 MA 的懒驴下坡和鞍马分离两种卖出形态。如图 8-8 所示航天宏图（688066）当股价在持续上涨过程中进入高位区时，

MACD 双线已运行到了指标区间的顶部高位区，进入 A 区域，形成 MACD 高位死叉后双线向下发散，同时出现放量下跌，说明趋势已反转向下，应果断卖出股票。

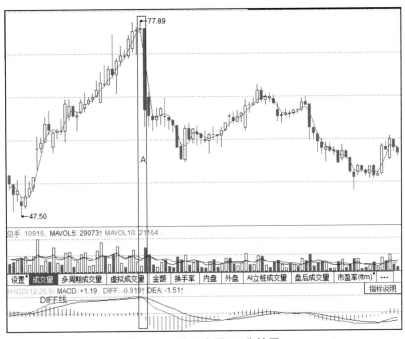

图 8-8　航天宏图 60 分钟图

（2）K 线强势弱转形态。这种形态相对来说较为简单，例如，放量大阴线、举案齐眉、倾盆大雨、乌云盖顶、看涨吞没、尖顶等 K 线顶部反转组合形态，由于 K 线相对较少，所以一旦形成时，就要确保出现了明显的放量下跌，可信度才更高。如图 8-8 所示 A 区域就出现了明显的放量大阴线的卖出形态，说明趋势出现了明显的反转向下，应及时卖出股票。

交易技巧：

（1）根据技术指标判断趋势反转向下时，通常有 MACD、KDJ、MA 等，但判断趋势反转向下时，MACD 和 KDJ 指标中的高位转跌形态更为可信，但必须确保技术指标出现卖出形态时，形成了明显的放量下跌时，趋势反转向下的概率才更高。

（2）K线强势转弱时，是最为直接的趋势反转向下特征，这一点是与K线由弱转强时刚刚相反，所以放量下跌的量价关系是通过K线判断趋势反转向下的重要辅助判断依据。

（3）由于趋势由强转弱时，均线的反应是相对迟缓的，所以在短线操作科创板股票时，应尽量不采用均线空头排列来判断，因为均线空头排列一旦成立时，股价早已跌去很多。如果采用均线时，应根据短期均线向下运行时的放量下跌来判断。

8.3 买卖时机技巧：把握买卖时机，交易才更有保障

8.3.1 上市首日：涨跌无节制，买卖没依据

对于科创股票来说，上市首日不仅包括上市的第一个交易日，还包括其后的四个交易日。这是因为，科创板股票规定，上市五个交易日内是没有涨跌幅限制的，在科创板刚刚推出之际，之前没有可借鉴的内容，所以对于科创板股票和上市首日而言，包括其后的四个交易日，一切的变化都只能是走一步看一步，是难以把握其趋势的。因此，应尽量避免参与，以观望为主。

上市首日不参与的原因：

（1）主要是可参考的案例不多，难以把握趋势。不参与科创板的上市首日交易，包括其后的四个交易日，主要原因是新股才刚刚上市趋势不明朗。

（2）在无涨跌幅限制的情况下，盘中有可能出现巨幅震荡。这无形之

中增加了短线投资的风险性，因为即使看到了分时图上的趋势变化，如明显的放量上涨，但极有可能又会出现风云突变，转为明显的放量下跌。

如图 8-9 所示铂力特（688333）A 区域的上市首日，对话框中明显显示，当日股价最低为 43.40 元，最高为 96.00 元，盘中振幅相差了一倍，所以上市首日的科创板股票，是不应参与的。

图 8-9　铂力特日线图

观望技巧：

（1）不选择在科创板上市首日进行交易，并不意味着就只要不去管它就行了，而是要关注一下上市首日的表现。虽然股价在上市首日的涨跌与己无关，但通过观望，可以发现这些新上市的科创板股票所表现出来的情况，以作为日后是否参与炒新的投资。

（2）上市首日观望的内容，主要是股价震荡的幅度、全天成交量的量能大小表现，以从中积累和总结经验。

（3）上市首日后的四个交易日内，是观望最为关键的时期，因为经过了持续五个无涨跌限制的自由涨跌的交易日，股价运行会逐渐平稳下来，例如，多方或空方力量的孰强孰弱，如果在上市五个交易日内形成了明显的止跌回升后，就可以在多方力量明显强大时，在五个交易日的末端适当参与，或是等到第六个交易日股价真正企稳后，再进行交易。

8.3.2 盘中走势：涨势不明显，交易没头绪

盘中走势就是科创板股票在过了上市五个交易日后的所有交易日，如果股价一直处于弱势下跌状态，或是即使是上涨也不太明朗，甚至是出现了反复震荡的情况时，就表明这只股票没有形成强势上涨，那么就不应该买入，同样应保持观望。

强势不明朗股票的观望内容：

虽然强势特征不明朗的股票是不能交易的，但必须经常去观察这只股票，观察什么内容呢？主要是观望这只处于弱势或震荡股票的走势。因为每一只强势上涨股，都必须经过较长时间的充分整理，只有整理充分了，后市才能形成明显的上涨，才会出现买入形态。如图 8-10 所示微芯生物（688321），上市后，股价出现反复小幅震荡后，即形成了弱势下

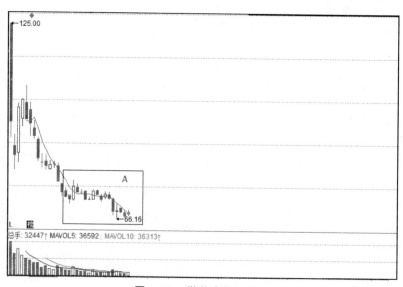

图 8-10　微芯生物日线图

跌，进入 A 区域出现了弱势震荡，这时说明股价趋势不明朗，应放入自选股持续观察趋势是否出现了反转，而不应急于买入股票。

走势不明朗股票的观察技巧：

（1）很多投资者在平时选股时，都是喜欢观察那些处于强势状态的股票，所以即使平时有选股的习惯，也是喜欢看那些出现快速上涨的股票，然后分析判断是否可以买入。这种习惯其实是不正确的。应当平时有意识地选择那些处于弱势的股票，如大幅下跌或弱势震荡的股票，然后持续观察，寻找和等待上涨转机的出现，因为每一只强势股，都是充分整理后出现变强的。

（2）投资者在将弱势震荡的股票放入自选股后的观察时，主要是观察这只股票是否出现了向上的启动。但一定要明白一个道理，选股是选股，买股是买股。选股，除了选择目标股，接下来就是持续观察它。只有观察到这只弱势股出现了启动，并符合了买入条件时，才能进行交易，所以选股和观察股票的走势，在股票投资中占用的时间最多，花费的精力也最大，尤其是在弱势股刚刚形成买入形态时，一定要根据买入形态，仔细从各个角度来观察，如技术指标、均线、量价等方面。

8.3.3　买入技巧：量价齐升初，买入正当时

投资者在操作科创板股票时，目前阶段只能是以短线参与为主，这也就决定了在买入股票时，无论是利用哪种指标观测到形成了买入形态时，都必须结合量价关系来最终确认买入形态是否可靠，因为一旦量能没有明显表现时，则往往意味着这种买入形态只是盘中的震荡走强。

买入股票技巧：

（1）投资者在买入股票时，必须形成明显的技术买入形态。因为技术指标的买入形态，是各种数据的统计，能够更为真实地反映出趋势的演变。

（2）技术指标买入形态形成后，必须形成放量上涨或持续量价齐升时，方证明形成了买点，才可买入股票。如图 8-11 所示中国通号

（688009）在弱势震荡中进入 A 区域后，MACD 指标形成了 MACD 红柱持续变长的 DIFF 线向上眺望的买入形态，就可以观察量价表现是否可以买入了。量价方面，明显发现成交量均为阳量，且量柱在其后出现了明显的变长，右侧的阳量柱要高出前面的量柱至少 3 倍，股价快速上涨，形成了明显的放量上涨形态，这时就应果断在 A 区域右侧的 K 线收盘前及时买入股票了。

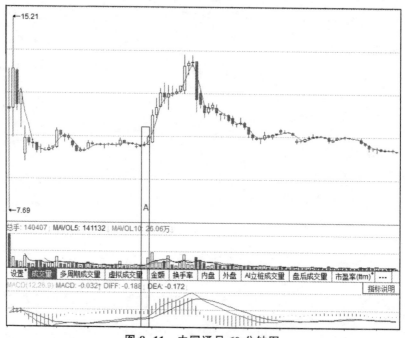

图 8-11　中国通号 60 分钟图

注意事项：

（1）投资者在买入股票时，通常都是弱势反转之际，因当前的科创板股票上市时间极短，如果根据日线来判断买入形态的话，很多时候都是弱势转强的形态，因此量价是日线图短线操盘的关键，只有形成明显的放量上涨时，才是买入的最佳时机。

（2）由于买入股票大多时候都是弱势转强时，在根据短周期图判断买点时，除了要确保技术指标的由弱转强时的买入特征外，量价也必须符合格外放量上涨或持续温和放量上涨时，才能确保其后趋势的向上，为日后的获利提供坚实的依据。

（3）在买入股票时，如果技术指标的买入形态牵强时，就不应操作。同样，如果是技术指标完全符合买入形态的要求时，若是量价关系勉强，也不应操作。这样做的目的，是避免短线操作的失误。

（4）如果是在根据技术指标的买入形态买入股票时，若是技术指标与股价形成了背离时，应在背离结束后，技术指标与股价同向运行时，再来判断买入形态和买点。因一次底背离很难说明趋势出现了转强，所以尽量不要根据背离形态来买入股票。

8.3.4　卖出技巧：放量下跌初，卖出正当时

投资者在操作科创板股票时，由于当前的科创板操作都是基于短线的投资，不仅买入时要依据技术寻找投机机遇，卖出股票时更要以短线来进行操作，而短线操作股票的根本就是量价，技术指标的卖出形态成立时，必须以量价为基础来选择是否卖出。

卖出股票技巧：

（1）投资者在卖出股票时，必须形成明显的技术卖出形态。因为技术指标的卖出形态，是各种数据的统计，能够更为真实地反映出趋势的演变。

（2）技术指标卖出形态形成后，必须形成放量下跌、持续量价齐跌或是高位滞涨时，方证明形成了股价无法再继续上涨，才可卖出股票。如图 8-12 所示光峰科技（688007），股价在持续上涨过程中，技术指标中的 MACD 双线已向上运行到了指标区间的顶部高位区，形成了 MACD 高位死叉及双线向下发散的趋势，同时量价关系出现了明显的放量大阴线下跌，应果断在 A 区域右侧的长阴线收盘前卖出股票。

注意事项：

（1）投资者在卖出股票时，首先必须树立一个观念，就是所有的卖出

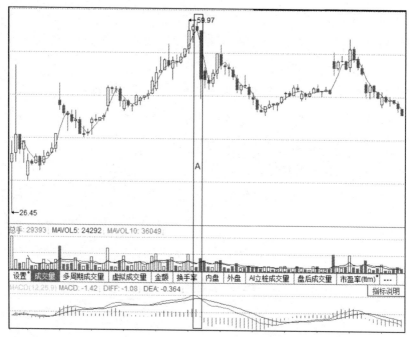

图 8-12　光峰科技 60 分钟图

行为起码目前都是以短线操盘为基础的，卖出时的原则是股价的高位滞涨，也就是继续持股已无法获利，放量高位滞涨也是卖出股票的一种形态。

（2）在卖出股票时，众多的技术指标中，量价关系是判断高位转跌时一个重要的特征，所以卖出股票时应主要以量价关系中的放量下跌为第一参考形态，其他技术指标的卖出形态只是一种参与，因股价的表现总是涨得慢跌得快，而量价又能直接反映出股价由涨转跌的趋势变化。所以，放量下跌的量价关系是第一卖出形态。

（3）在根据量价判断卖出形态时，持续阴量下跌同样是一种可靠的卖出形态，尤其是在短周期图上，因为阴量的持续，说明这一时期的阴量总量同样是巨大的，所以不容忽视。这在观察短周期的卖出形态时，成为技术指标卖出形态时的重要参考。

（4）如果股价在高位区出现技术指标与股价的走势形成顶背离时，则往往说明这种技术指标的下跌是短时的，只是股价上涨到了一定高度后出现的震荡回落整理。此时，如果对背离技术掌握不够熟练的话，可观察其他指标的情况，或根据震荡回调中股价趋势的强弱，选择继续持股或是卖出均可。因当前已经获利了，所以哪怕是股价深调后，再次上涨时同样也会起码从量价上明晰地表现出快速启动的征兆。

8.4　判断股价短期强弱技巧：强弱有征兆，涨跌有规律

8.4.1　短线强势：晴天路况好，上涨有保障

投资者在判断股价短期的强势时，主要是观察分时图走势，因为看似分时图上只是反映出了一个交易日内股价的波动，其实不然，股价的短期强势特征，能够通过分时图一眼看出来。股价强势时，就好比是在晴天出门，路上一切都有保障，所以是最适合操作股票的时机。

分时图强势形态及判断方法：

（1）当日的股价如果强于上一个交易日时，股价线是始终位于昨日收盘线之上的：股价线在昨日收盘价上方向上运行时，为最强势形态；股价线在昨日收盘线上方向下运行时，为强势调整状态；股价线在昨日收盘线上方震荡时，为强势小幅整理状态。如图 8-13 所示新光光电（688011）中 B 区域之后的情况，股价线是高于昨日收盘线的，说明这一交易日的大多数时间，股价都是强于上一个交易日的。其中 C 区域属于最强状态，D 区域属于强势调整状态，E 区域为强势小幅整理状态。

（2）当日的股价线如果在当天表现为强势时，股价线是高于开盘价的。也就是说，股价线是位于开盘价之上运行的。如图 8-13 所示，全天的股价线的走势都是高于开盘价 A 区域的，说明这一个交易日内，股价

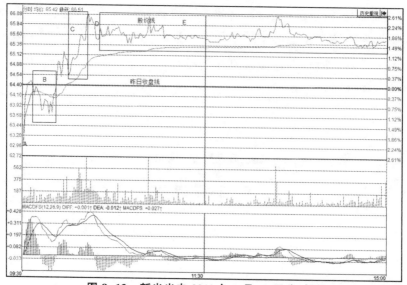

图 8-13　新光光电 2019 年 9 月 24 日分时图

一直处于强势状态。

（3）股价短期最强势形态：股价线是位于昨日收盘价和开盘价之上运行时，为股价短线最强势的表现。这种形态就是短线操作强势股的最佳时机。如图 8-13 所示 B 区域之后，股价线一直是在昨日收盘线与开盘价之上运行，表明这一交易日内的大多数时间，股价与上一个交易日和当前交易日相较，均是最强势的。这种形态的股票，就是短线操盘中最理想的强势买入形态。

注意事项：

（1）在根据分时图判断股价强势特征时，一定要注意最强势的一种特征，就是股价线位于昨日收盘线与开盘价之上运行的情况，因为它是短线操作强势股时的最佳形态。

（2）判定股价短期强势时，一定要结合日线图，只有处于日线强势特征时，一旦分时图上也呈现出短线超强特征时，即可果断买入股票。

（3）在操作强势股的时间上，应尽量避开 9：30~10：00 的早盘 30 分，因早盘是多空双方争夺最激烈的时间，一定要等到 10 点后，再按照强势特征买入股票。

（4）如果投资者是根据日线+分时图操作时，操作的是其他板块的股票，不是科创板股票，则不能忽视早盘 30 分钟内的走势，一旦早盘 30 分钟内出现分时图超强走势时，尤其是高开高走的情况时，就应果断在涨幅达到 3% 上时果断买入。因其他板块的股票一个交易日内的最高涨幅为 10%，超强形态出现后极易引发涨停。所以，这种日线+分时图操作中分时图的超强形态，往往是抓强势涨停股的方法。

8.4.2　短线弱势：雨天路泥泞，卖出防摔跤

当股价短线弱势时，同样在分时图上能够清晰地显现出来。当股价短线弱势时，就像是天空下起了雨，而雨天往往路上泥泞，很容易摔跤，所以一旦股价短线弱势时，是不利于操作股票的，反而应在股价弱势时，卖出强势上涨的股票。

分时图弱势形态及判断方法：

（1）当日的股价如果弱于上一个交易日时，股价线是始终位于昨日收盘线之下的：股价线在昨日收盘价下方向上运行时，为弱势转强状态；股价线在昨日收盘线下方向下运行时，为弱势转弱状态；股价线在昨日收盘线下方震荡时，为弱势整理状态。如图 8-14 所示沃尔德（688028），全天，股价线均在昨日收盘线下方运行，表明当日的走势一直是弱势的。其中，A 区域和 C 区域为弱势转弱状态，B 区域为弱势整理状态。这类股票短线操作时是应回避卖出的。

（2）当日的股价线如果在当天表现为弱势时，股价线是低于开盘价的。也就是说，股价线是位于开盘价之下运行的。如图 8-15 所示航天宏图（688066），在整个 B 区域，股价线一直在 A 区域的开盘价下方运行，表明这一交易日内的趋势为弱势形态。这类股票是应当卖出回避的。

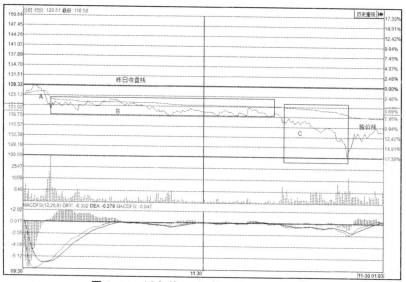

图 8-14　沃尔德 2019 年 8 月 23 日分时图

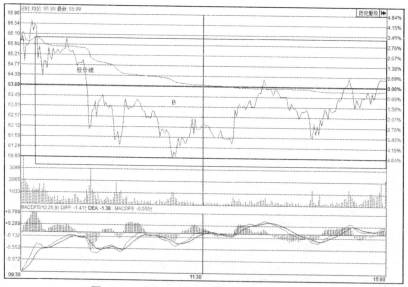

图 8-15　航天宏图 2019 年 8 月 7 日分时图

（3）股价短期最弱势形态。股价线是位于昨日收盘价和开盘价之下运行时，为股价短线超级弱势的表现，这种形态就是短线操作中坚决卖出强势股的最佳时机。如图 8-16 所示天宜上佳（688033），股价在 A 区域开盘后，过了 B 区域后，股价线一直是在 A 区域的开盘价和昨日收盘线下方运行，表明当天的趋势为超级弱势，这类股票短线应坚决卖出回避。

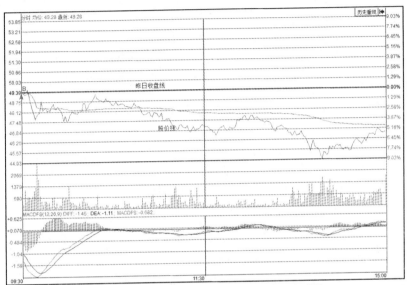

图 8-16　天宜上佳 2019 年 8 月 12 日分时图

注意事项：

（1）对于分时图上弱势形态的股票，在短线操作科创板股票时，一定要及时卖出回避，尤其是股价线在开盘价和昨日收盘线下方运行的超级弱势形态，一定要坚持卖出。

（2）在短线操作中，卖出股票的时间观察，大多时候同样要选择在 10 点之后，一旦发现分时图上呈现出持续弱势形态时，就应卖出股票了。

（3）如果是短线操作强势股时，一旦在开盘后 30 分钟内的早盘，股价出现了大幅低开低走的情况，也就是股价开盘即呈现出超级弱势并持续时，即应果断卖出股票，而不要非等到 10 点后再来卖出。这是提前卖出股票的一种方式，尤其是操作科创板以外的其他股票时，这种情况更应果断卖出，因在 10% 涨跌停制度下，这类股票极易出现快速跌停。

8.4.3 震荡趋势：天阴路不明，持币静观望

分时图震荡趋势，是股价的一种短线整理状态。这种情况一旦出现，就像是我们要出门时，突然发现是个阴天，而阴天往往光线不好，无法及时发现路上的各种状态，所以在阴天开车时，是相对比较危险的，尤其是冬天的阴天，更容易起雾，造成看不清路况的情况。因此，如果是买股时，对分时图上处于震荡趋势的股票，应保持继续观望，或是根据日线上的趋势把握行情。

分时图震荡形态及判断方法：

分时图上的震荡趋势分为强势震荡、弱势震荡、一般震荡三种。

（1）强势震荡。就是股价线位于昨日收盘线和开盘价上方，呈现出小幅水平震荡走势的形态。这种形态往往意味着上涨的暂停，所以又叫强势整理。对于持股者或是想买入的投资者，应根据日线的趋势，来决定是否卖出和买入操作。如图 8-17 所示虹软科技 （688088），整个交易日内，股价线一直是位于开盘价的 A 区域和昨日收盘线之上展开了小幅震

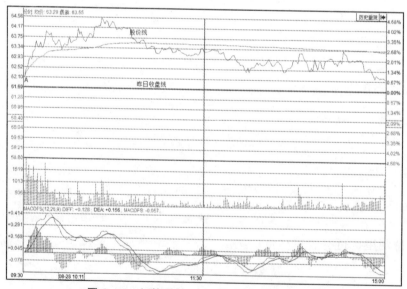

图 8-17　虹软科技 2019 年 8 月 28 日分时图

荡，属于强势震荡。这时候，就应根据日线上的情况来确定是否买入或卖出股票了。

（2）弱势震荡。指股价线在位于昨日收盘线下方的水平小幅震荡，这类形态的股票，一般是趋势转弱时多头反抗的结果造成的，但也不排除弱势整理后继续走强的情况出现，所以持股者还是以卖出为宜，打算买入的投资者应在观望后决定是否买入。如图 8-18 所示晶晨股份（688099），在开盘走低后，股价大部分时间都是处于昨日收盘线下方小幅震荡，属于弱势震荡，持有者应及时卖出股票，打算买入的投资者应保持持币观望的态度，因弱势震荡中股价并未转强。

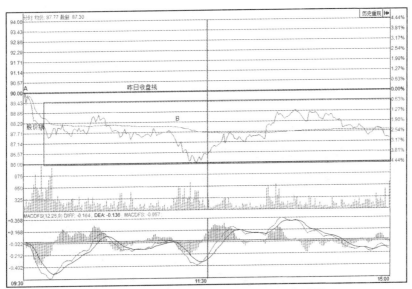

图 8-18　晶晨股份 2019 年 8 月 29 日分时图

（3）一般震荡。就是股价线围绕着昨日收盘线和开盘价附近的震荡。这种一般震荡是最不容易判断短线趋势的，未来方向十分不明朗，所以应保持观望，持有者也尽量以卖出回避的操作为主。如图 8-19 所示安博通（688168），在开盘后的 A 区域，以及整个下午的 B 区域，股价线均呈现出围绕昨日收盘线与开盘价的反复小幅震荡，说明趋势不明朗，打算买入的投资者可保持持币观望，持有者应根据日线趋势判断是否卖出。

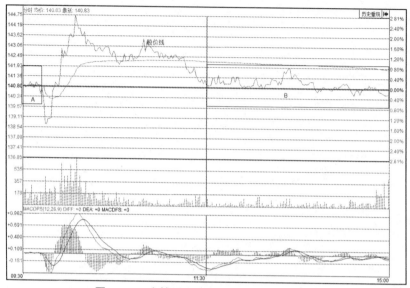

图 8-19 安博通 2019 年 9 月 19 日分时图

注意事项：

（1）对于分时图上的震荡趋势，只有日线上处于主升浪上涨时期的股票，方可买入，但同时还要观察日线上股价是否跌破了 5 日均线，因为往往日线上未跌破 5 日均线的分时图强势震荡类股票，其后恢复继续上涨的概率更大。

（2）对于分时图上处于弱势震荡或是一般震荡类的股票，无论持有者还是打算买入者，均应采取回避观望的态度，持有者应卖出股票落袋为安。

（3）只有一只股票分时图上呈现弱势震荡或一般震荡期间，出现了明显的放量上涨时，方可买入股票，但前提是必须结合日线图来判断，也就是日线图处于上涨主升浪的股票优先考虑买入。若是日线上处于下跌或弱势状态的股票，应继续观望。